Hubert Schwarz, 41, zählt zu den herausragenden Figuren einer noch jungen Extremsportart: dem Marathon-Radfahren. Der gebürtige Mittelfranke sah 1991 als erster Deutscher das Ziel des 5000 Kilometer langen Race Across America. Das Rennen, das in einer einzigen Etappe von der West- zur Ostküste der USA gefahren wird und als härtester Radmarathon der Welt gilt, absolvierte er dreimal.

Einen einsamen Rekord stellte Schwarz 1993 bei der Umrundung des australischen Kontinents auf: Die 14.000 Kilometer lange Strecke des All Around Australia legte er in nur 42 Tagen zurück. Seine außergewöhnliche Ausdauerfähigkeit bewies Hubert Schwarz auch in eiskalten Gefilden, bei Straßen- und Mountainbike-Rennen in Alaska, beim Winter Bicycle Classic.

„In 80 Tagen um die Welt" zu radeln, ist seit Jahren Hubert Schwarz' Traum gewesen. Für die Bewältigung der 22.000 Kilometer langen Strecke im Jules Verne'schen Zeitlimit gab es nur einen Versuch, bei dem alles zusammenpassen mußte: die aufwendige Logistik für Crew und Begleitfahrzeuge, die Witterung und vor allem die tägliche Bereitschaft des Ausdauersportlers, über sich hinauszuwachsen.

In den 74 Radetappen von durchschnittlich 300 Kilometern Länge, unterbrochen von den Flugverbindungen zwischen den Kontinenten, spiegelt sich nicht nur eine sportliche Ausnahmeleistung.

Durch Länder wie Ägypten, Thailand, Australien oder Brasilien gegen die Uhr zu radeln, ist oft Abenteuer pur. Der Kontrast von Land und Leuten, der Wechsel der Klimazonen, das Überwinden innerer und äußerer Widerstände – ein Drahtseilakt, der die Mobilisierung aller physischen und mentalen Kräfte fordert.

No Limits books

Rad *extrem*

Hubert Schwarz

In 80 Tagen um die Welt

Protokoll meiner

22.000 km langen

Solo-Fahrt

gegen die Uhr

Inhalt

Rad extrem

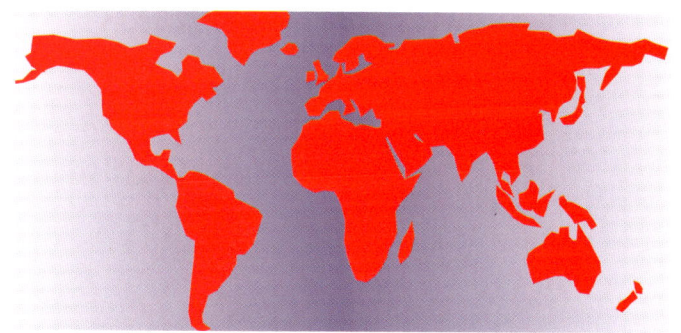

11   *Vorwort*
Der andere Blickwinkel

14   *In 80 Tagen um die Welt*
Idee und Herausforderung

22   *Frau Holle und Herr Moser*
Zur ersten Etappe Berlin – Rom

36   *Sandmännchens Sturm und Drang*
Zur Etappe Tel Aviv – Abu Simbel

56   *Asiatische Wechselbäder*
Zur Etappe Bangkok – Singapur

70   *Down under heißt ganz unten*
Zur Etappe Darwin-Adelaide

86   *Die Triebfeder im Tretlager*
Zur Etappe Montevideo-Salvador

104   *Die Innere Emigration*
Zur Etappe Guerrero Negro-Fairbanks

126   *Endlich auf der Zielgeraden*
Zur Etappe Bodo-Berlin

134   *Bis hierher und nicht weiter?*
Resumée ohne Abstand: Der Versuch zu begreifen, was passiert ist

138   *Streckendokumentation*

Unten:
Böse Überraschung auf der ersten Etappe von
Berlin nach Rom: Schneeregen in der Toskana –
Anfang April!

Rechts:
Sonne, Sand und Seitenwind: Die Fahrt von
Assuan nach Abu Simbel in Ägypten entpuppte
sich als eine der schwersten Etappen überhaupt.

Der landschaftliche Kontrast zwischen
Malaysien und Australien könnte
größer kaum sein. Die feuchte Hitze
Asiens macht auf dem Rad aber weit
mehr zu schaffen als die trockene Vari-
ante in „Down under".

Links:
Unterwegs in Brasilien: Eingerahmt von Zuckerrohr und Fernverkehr.

Unten:
Mexikanische Kakteenlandschaft. Neben mir radelt Bill Goodrich, mein Weggefährte auf Teilen der Nordamerika-Etappe.

Bergetappe in Kanada.

Vorwort
Der andere Blickwinkel

Alles eine Frage der Perspektive:
Für Hubert ist Schlechtwetter ein Graus,
Kameramann Christopher Landerer
freut sich über starke Bilder.

Manchmal ist das, was Hubert Schwarz tut, nicht ganz einfach zu ertragen. Ich sage das als jemand, der den Mann auf etlichen seiner Ausdauertrips begleitet, ihn während abertausender Rad-kilometer aus allen möglichen und unmöglichen Perspektiven – mit dem Fotoapparat – beobachtet und immer noch keine völlig befriedigende Antwort auf die Frage hat: Warum tut sich Hubert Schwarz das alles an? Wie ist es vernünftig zu erklären, daß einer 22.000 Kilometer gegen die Uhr strampelt, drei-, vier-, fünf-hundert Kilometer am Tag – durch australische Landschaften, die einem eine Vorstellung vom Nichts vermitteln; im thailändischen Straßenverkehr, den kein Radfahrer überleben würde, wäre er nicht von einem Begleitfahrzeug abgeschirmt; vorbei an Sehens-würdigkeiten und Menschen, für die man sich eigentlich Zeit nehmen sollte, wenn man schon mal in der Gegend ist.

Zugegeben, ein Negativ-Szenario. Natürlich sind Huberts Touren auch und vor allem kurzweiliges Abenteuer, aber das Grübeln über Sinn und Zweck ist so unausweichlich wie die

11

Witterungsbedingte Pause in einem toskanischen Restaurant. Für die Kamera ein gefundenes Fressen, wenn sich zwei Welten begegnen. Herr Ober mustert ungläubig den Herrn in Radklamotten, Hubert hat nur Augen für das Süßspeisen-Buffet.

wundgeriebenen Partien am Allerwertesten des Hauptdarstellers.

Ein Beispiel aus dem Kapitel „In 80 Tagen um die Welt": Neujahr in Thailand – ein Tag, an dem die Einheimischen ausgelassen feiern, sich gegenseitig kübelweise Wasser über den Kopf schütten und Kalk ins Gesicht schmieren. Das Getümmel am Zielpunkt unserer Tagesetappe, einer Stadt namens Lang Suan, scheint wie geschaffen, um Hubert bildlich in das Neujahrsritual zu integrieren. Ich warte mit meinen Kollegen Christopher Landerer (Film) und Chris Alge (Foto) allerdings vergeblich darauf, daß Hubert von den wassereimerbewehrten Jugendlichen am Straßenrand seine Abreibung bekommt. Er ist bereits am Stadtrand ins Begleitfahrzeug umgestiegen, erschöpft, genervt, kaum ansprechbar. Für ihn zählt jetzt nur die Erholung im nahen Hotelbett, wir sind sauer über die entgangene Chance, denen zu Hause zu zeigen, wie wunderbar aufregend und abwechslungsreich so

eine Weltumradelung sein kann. Diskussion mit dem Meister zwecklos, er braucht ja seinen Schlaf. Also sind schon zwei, drei Bier an der Hotelbar vonnöten, um den Frust hinunterzuspülen, um wieder einmal die Frage zu wälzen: Warum tut er sich das an, vor allem: warum tun wir uns das an? Lohnt das Ziel, in 80 Tagen die Welt zu umrunden, wenn damit scheinbar nur die Erfüllung eines Zeitplans gemeint ist?

Die gelegentlichen Zweifel an dem Ganzen resultieren natürlich aus der ganz anderen Perspektive, die man als Fotograf oder Berichterstatter hat. Die Jagd nach aussagekräftigen Bildern ist mit dem monotonen Rhythmus der Tagesetappen, mit den Eigenarten der Strecke und des Radfahrers Hubert Schwarz eben manchmal nur schwer vereinbar. Und dennoch gibt es gute Gründe, sich ans Hinterrad des Marathonmanns zu heften. Der wichtigste ist wohl Hubert Schwarz selbst. Seine Ausdauerfähigkeiten ist phänomenal, physisch wie psychisch. Letzteres

beeindruckt am meisten. Sein Wille hat Hubert Schwarz schon Wege geebnet, die dem Beobachter – im übertragenen Sinne – längst als unfahrbar galten. Ob bei Temperaturen von minus 30 Grad und Schneesturm in Alaska, im feuchtheißen Klima Thailands oder auf hunderten Kilometern Gegenwind im australischen Outback – Hubert besitzt auch unter solch widrigen Bedingungen die Fähigkeit, 10, 15 Stunden ohne nennenswerte Unterbrechung im Sattel zu bleiben, nicht aufzugeben. Auch nicht, wenn das Ziel noch Lichtjahre entfernt ist. Man könnte versucht sein, das als maschinellen Vorgang zu bezeichnen, bei dem einige Kontrollschalter im Hirn auf „off" stehen müssen. Dem ist mit Sicherheit nicht so. Hubert weiß genau, was er tut. Im Hurra-Stil, ohne Kalkül, wäre das alles nicht machbar. Huberts horrendes Durchhaltevermögen ist eine Kombination aus Wille und Verstand – nicht zu verwechseln mit Vernunft, denn ein Übermaß davon wäre auch langweilig und der Sache wenig dienlich.

Huberts Leistung kann für andere motivierend, ja förmlich mitreißend sein. Jeder, der ihn begleitet, erlebt seine eigenen Durststrecken, wie ich sie oben beispielhaft geschildert habe. Mitgefangen, mitgehangen. Genauso sicher aber ist, daß Hubert – Tief hin oder her – immer weiterradeln wird und daß nach hundert, vielleicht auch erst nach zweihundert Kilometern ein Ereig-

nis, eine Begegnung auf uns wartet, die man in keinem Reisebüro buchen oder auf keiner Prachtstraße dieser Welt erleben kann. Der Hinterhof-Charme, der Huberts Marathon-Touren manchmal anhaftet, verleiht dem Ganzen auch eine eigentümliche ästhetische Qualität, die stark an ein Road movie erinnert. In diesem Genre ist der Weg mindestens ebenso wichtig wie das Ziel. Und der stete Ortswechsel – von Motel zu Motel, von Roadhouse zu Roadhouse – charakterisiert ja auch ein Unternehmen wie „In 80 Tagen um die Welt".

Unterwegs mit Hubert Schwarz – vielleicht sollte sich Wim Wenders einmal des Themas annehmen.

Jörg Wurdak – im Juni 1996

In 80 Tagen um die Welt

Idee und Herausforderung

Mit Jules Vernes berühmtem Roman, soviel sei gleich vorweg gesagt, hat mein Unternehmen nur annähernd den Titel gemeinsam. Von den Abenteuern, die sich ein phantasiebegabter Autor ausdenken und zu Papier bringen kann, ist die Realität eines Radmarathons rund um den Globus zugegebenermaßen weit entfernt. Wer sich für das Rad als Fortbewegungsmittel und die Uhr als Gegner entscheidet, der darf nicht viel dem Zufall überlassen und das Abenteuer übermütig herausfordern, will er tatsächlich sein gesetztes Zeitlimit einhalten. Aber warum gerade 80 Tage, werden Sie fragen, das ist doch auf dem Rennrad ein aussichtsloses Unterfangen! Nun, Jules Vernes Buchtitel gilt als Synonym für die längste und schwerste Runde, die man auf diesem Planeten um die Wette fahren kann. Mich hat einfach die Überlegung fasziniert, ob es möglich wäre, eine Route zu finden, deren Länge und Verlauf die Bezeichnung „Weltumrundung" rechtfertigen und die eben in 80 Tagen zu bewältigen sein könnte. Auf Erfahrungswerte Dritter konnte ich bei der Planung nicht zurückgreifen, da es meines Wissens noch niemandem nachweislich gelungen ist, in dieser Zeitspanne den Globus mit dem Rad zu umrunden.

Ich mußte also von meinen eigenen Marathon-Erfahrungen ausgehen und mittels Hochrechnung die Chancen einer erfolgreichen Weltumrundung ausloten. 1993 hatte ich den australischen Kontinent – auf meiner bis dato längsten Renndistanz – in einer neuen Rekordzeit umrundet: 14.000 Kilometer in knapp 43 Tagen. Das durchschnittliche tägliche Australien-Pensum von 325 Kilometern hätte, bezogen auf 80 Tage, eine Strecke von 26.000 Kilometern ergeben. Die Rechnung machte so allerdings noch keinen Sinn, weil ich ja zwischen den einzelnen Kontinentaletappen Flugpausen einrechnen mußte, in denen die Uhr zwar weiterlaufen sollte, die die Netto-Fahrzeit aber auf etwa 70 Tage reduzieren würden. Außerdem durfte ich – trotz intensiven Trainings – nicht so blauäugig sein und annehmen, auf einer fast doppelt so langen Distanz wie in Australien dasselbe Tagespensum leisten zu können.

Die neue Rechnung lautete schließlich 70 mal 300 und ergab eine Distanz von 21.000 Kilometern. Damit war schon mal der grobe Rahmen gesetzt, aber es dauerte Monate, bis meine Mitarbeiter und ich eine Route ausgetüftelt hatten, die alle fünf Kontinente berührte und die man vor allem zügig befahren konnte. Querfeldein zu radeln, als Einzelkämpfer mit angeschnallten

Packtaschen, konnte angesichts der zeitlichen Vorgabe nicht mein Ziel sein. Ich war vielmehr auf asphaltierte Strecken angewiesen, auf eine Begleitcrew, die sich um Verpflegung, Quartiere und die gesamte Logistik kümmern würde, damit ich mich ganz auf das Radfahren konzentrieren konnte.

Was sich schließlich Anfang 1996 in einem Routebook mit minutiös festgelegten Etappen konkretisierte, war eine gut 22.000 Kilometer lange Radstrecke, für deren Bewältigung ich insgesamt 74 Tage Zeit haben sollte, sechs Tage wurden für Verbindungsflüge veranschlagt. Am Ende hatte sich eine Nord-Süd- beziehungsweise Süd-Nord-Route als beste Lösung herauskristallisiert. Der ursprüngliche – und zunächst naheliegende – Plan, gen Osten zu fahren, war schnell hinfällig geworden, weil die kaum abschätzbaren Straßenverhältnisse und vor allem die unsichere politische Lage in Ländern wie Rußland das Unternehmen zu einem einzigen Vabanque-Spiel gemacht hätten.

Der Start wurde auf den 30. März, die Zielankunft auf den 17. Juni 1996 terminiert. Damit ließ sich einigermaßen sicherstellen, daß ich nicht auf allzu extreme klimatische Bedingungen stoßen würde – eine wichtige Voraussetzung, um das angepeilte Tagespensum von rund 300 Kilometern durchhalten zu können. Die lange im voraus zu buchenden Flugverbindungen würden mich auf den einzelnen Abschnitten ja in ein enges zeitliches Korsett zwängen, bei dem praktisch kein Spielraum für Verspätungen blieb. Die geplante Route im Stenogramm:

1. Etappe (Europa):
Start in Berlin, von dort – auf dem ersten europäischen Abschnitt – nach Rom;
Streckenlänge: ca. 1700 km, Fahrzeit: 6 Tage.
– Flug Rom-Tel Aviv –

2. Etappe (Afrika):
Start in Tel Aviv; die kurze „Querfahrt" durch Israel und das östliche Ägypten führt schließlich zum afrikanischen Teil der Route: Kairo-Hurghara-Luxor-Assuan-Abu Simbel;
Streckenlänge: ca. 1855 km, Fahrzeit: 7 Tage.
– Flug über Kairo nach Bangkok –

3. Etappe (Asien):
Von Bangkok aus durch Thailand und Malaysien bis nach Singapur;
Streckenlänge: ca. 2020 km, Fahrzeit: 7 Tage.
– Flug Singapur-Darwin –

4. Etappe (Australien):
Von Darwin über Alice Springs nach Adelaide;
Streckenlänge: ca. 3000 km, Fahrzeit: 10 Tage.
– Flug Adelaide-Montevideo –

5. Etappe (Südamerika):
Start in Montevideo (Uruguay); an der brasilianischen Küste über Sao Paulo und Rio de Janeiro hoch bis Salvador;
Streckenlänge: ca. 4430 km, Fahrzeit: 14 Tage.
– Flug Salvador-Loreto –

6. Etappe (Nordamerika):
Start in Guerrero Negro (Mexiko); über die Baja California, die US-Westküste und die kanadischen Rockies hoch bis Fairbanks, Alaska;
Streckenlänge: ca. 6820 km, Fahrzeit: 22 Tage.
– Flug Fairbanks-Bodo –

7. Etappe (Europa):
Start in Bodo (Norwegen); über Trondheim und Lillehammer bis Oslo, von dort mit der Fähre nach Dänemark; Ziel in Berlin;
Streckenlänge: ca. 2180 km, Fahrzeit: 8 Tage.

Die durchschnittliche tägliche Etappenlänge liegt in Europa (283 km/Tag), Afrika (265) und Asien (289) noch unter 300 Kilometern. In Australien (300) erreicht sie exakt dieses Niveau, in Süd- und Nordamerika (316 bzw. 310) – also auf gut der Hälfte der Strecke – liegt sie darüber.

Fünf Kontinente, 16 Länder, diverse Zeit- und Klimazonen – reicht das, um tatsächlich von einer Weltumrundung sprechen zu können? Darüber ließe sich bestimmt lange streiten, und ich bin mir der Angreifbarkeit meiner Idee durchaus bewußt. Aber damit muß leben, wer sich seine Regeln selber vorgibt. Eine Weltumrundung läßt sich nun mal nicht so allgemeinverbindlich definieren wie ein 1500-Meter-Lauf. Entscheidend ist doch die Herausforderung, die es – unabhängig von jeglicher Etikettierung – zu bewältigen gilt. Und diese Herausforderung, von der hier die Rede ist, ist groß genug, vielleicht sogar die größte, der sich ein Radmarathon-Spezialist stellen kann; und noch dazu eine, die wohl niemand zuvor bestanden hat. Wer sich ein bißchen für Radsport interessiert oder regelmäßig selber im Sattel sitzt, dem muß man bestimmt nicht veranschaulichen, was es heißen kann, elf Wochen lang täglich 300 Kilometer herunterstrampeln zu wollen. Aber es soll ja nicht wenige Menschen geben, die sich ausschließlich motorisiert fortbewegen und denen das Gefühl für Zeiträume und Distanzen etwas abhanden gekommen ist. Falls Sie dieser Spezies angehören: Stellen Sie sich vor, Sie müßten die 22.000 Kilometer,

herrscht. Träumen heißt hier nicht weggetreten sein, es ist vielmehr eine Art Ideenschmiede. Der Gedanke, in 80 Tagen um die Welt zu fahren, ist mir nicht zu Hause am Schreibtisch gekommen, sondern während einer schier endlosen Etappe im australischen Outback.

Gewagte Ideen zu haben, sich immer wieder neue, noch extremere Herausforderungen zusammenzubasteln ist die eine, sie auch in die Tat umzusetzen die andere – weitaus schwierigere – Sache. Nichts gibt da mehr Selbstvertrauen, als ein gestecktes Ziel schon einmal erreicht zu haben. Am besten eines, von dem andere behauptet haben, man könne es nicht erreichen. Mein Schlüsselerlebnis in dieser Hinsicht liegt fünf Jahre zurück.

Bahnwechsel

Ein Projekt wie die „80 Tage" auf die Beine zu stellen, ist mehr als ein Full-time-Job. Zu trainieren, gleichzeitig Strecke und Logistik zu planen, auf Sponsorensuche zu gehen – als Einzelkämpfer hätte ich diese Aufgaben niemals bewältigen können. Das organisatorische Rückgrat des Ganzen bildete deshalb das „Sportbüro Hubert Schwarz", in dem drei meiner Mitarbeiter, Jörn Gersbeck, Thomas Hess und Oli Zimmermann, über Monate mit nichts anderem als der Vorbereitung der Weltumrundung befaßt waren. So wesentlich diese geschäftliche und personele Basis für das Gelingen des Projektes war, so abenteuerlich gestalteten sich die Anfänge meines „Sportbüros".

1990, im Alter von 35 Jahren, hatte ich den Entschluß gefaßt, meinen Beruf als Jugendpfleger – und damit eine gesicherte Existenz – aufzugeben. Ich wollte mich voll und ganz dem Ausdauersport widmen, dessen Ausübung mir weit mehr Befriedigung verschaffte als mein erlernter Beruf. Mich hatte zu jener Zeit das Triathlon-Fieber gepackt – meine Heimatstadt Roth ist eine Hochburg dieser Sportart –, und etliche erfolgreiche Teilnahmen an Ironman-Wettbewerben (4 km Schwimmen, 180 km Radfahren, Marathonlauf) gaben mir die Gewißheit, daß ich meine persönlichen Ziele und Träume beim Sport in freier Natur viel besser verwirklichen konnte als am Schreibtisch. Zahlreiche Wettkämpfe im Ausland hatten bei mir ein starkes Fernweh verursacht, und mein sportlicher Ehrgeiz war enorm – das Risiko dieses „Bahnwechsels" allerdings auch. Welcher Sponsor würde schon meiner Spur folgen

die Sie jährlich mit ihrem Wagen unterwegs sind, an 80 Tagen hinter sich bringen. Und nun vertauschen Sie gedanklich noch Ihr Gas- mit zwei Radpedalen, die von Ihren Füßen kräftig gedrückt und gezogen werden wollen, um Sie auf etwa 25 Sachen zu beschleunigen. Damit kommen Sie am Tag gut und gerne 300 Kilometer weit. Ach ja – die Zeit läuft... Spätestens jetzt müßten Sie eigentlich feuchte Hände bekommen haben.

Warum, werden Sie fragen, sucht sich einer überhaupt eine solche Herausforderung? Nun, Radmarathons zu bestreiten, ist Teil meines Berufs, besser: ist meine Berufung. Im Wettbewerb mit anderen hatte sich sehr schnell herausgestellt, daß meine Sprintfähigkeit bescheiden, mein Durchhaltevermögen aber beachtlich war. Je länger die Distanzen, je stärker der Ausdauer- den Tempofaktor verdrängte, desto wohler fühlte ich mich auf dem Rad. Mit den ersten Erfolgserlebnissen festigte sich auch mein Ehrgeiz, die eigene Leistungsgrenze immer wieder ein Stück weiter hinauszuschieben und irgendwann dort zu landen, wo – sportlich gesehen – eben noch niemand war.

Außerdem ist die Fortbewegung auf dem Rad an sich eine ganz entscheidende Triebfeder. Vor allem auf sehr langen Distanzen öffnen permanenter Fahrtwind und monotoner Tretrhythmus einen viel intensiveren Zugang zu Traum und Wirklichkeit. Einerseits schärft der stete Fluß von Eindrücken und Ereignissen entlang der Straße die Sinne, andererseits kann man sich auch vorzüglich vom realen Umfeld lösen – wenn nicht gerade dichter Verkehr

wollen und seine Papperl auf das Trikot eines 35jährigen kleben, der zwar ein überaus ambitionierter, aber nun wahrlich kein begnadeter Triathlet war? Meine ganze Hoffnung lag deshalb zu Beginn des Jahres 1991 auf einem Wettbewerb, an den sich zuvor noch kein Deutscher herangewagt hatte und den man mir in Sportlerkreisen auch nicht so recht zutraute: das Race Across America (RAAM), ein Radrennen quer durch die Vereinigten Staaten. Das RAAM gilt als härtester Radmarathon der Welt, weil sich die knapp 5000 Kilometer lange Strecke von der West- zur Ostküste jeder Teilnehmer selbst einteilen kann, oder anders ausgedrückt: Wer vom Rad steigt, Pause macht, verliert nur Zeit. Die Ausfallquote bei diesem Rennen ist sehr hoch, weil der permanente Schlafentzug und die hohen Temperaturen höchste Anforderungen an die physische und mentale Ausdauer stellen. Mir gelang es im August 1991 tatsächlich, unterstützt von meiner Begleitcrew, das Ziel innerhalb des geforderten Zeitlimits zu erreichen.

Während 10 Tagen Fahrt im Renntempo hatte ich nicht mehr als 24 Stunden geschlafen, Schmerzen an Füßen, Hinterteil und im Nacken hätten micht fast zur Aufgabe gezwungen. Die teilweise sehr qualvollen Erfahrungen des RAAM – mein Körper brauchte Monate, um sich zu regenerieren – rückten aber ange-

sichts der Tatsache in den Hintergrund, daß ich mein gestecktes Ziel erreicht hatte. Mehr noch: Ich war mir jetzt sicher, auf dem richtigen Weg zu sein und sprühte vor Tatendrang. Die Publicity, die mir das erste RAAM eingebracht hatte, half mir, neue Sponsoren zu finden und das Rennen 1992 erneut anzugehen, 1994 sogar ein drittes Mal. Ich erreichte beim RAAM zwar nie einen Spitzenplatz – dazu fehlte es mir oft an Trainingsmöglichkeiten und der nötigen Grundschnelligkeit –, aber es war für mich die beste Schule, um zu lernen, wie man auch in Extremsituationen seinen inneren Schweinehund überwinden kann. Das Problem liegt da weniger in der körperlichen Fitness, die zu trainieren eher ein mechanischer Vorgang ist. Vielmehr ist der Kopf entscheidend, der natürlich ein Ziel haben, vor allem aber den Weg dorthin positiv begleiten muß. Wenn ich bei einem 5000-Kilometer-Marathon nach einem Viertel der Distanz in ein Tief rutsche, dann hilft es mir herzlich wenig, mich nur mit Gedanken an die Zieldurchfahrt zu trösten. Dafür ist sie noch viel zu weit entfernt. Ich muß mich vor allem an dem aufrichten, was um mich herum passiert – an Landschaften, an flüchtigen Eindrücken vom Wegrand.

Man muß auch lernen, mit Problemen auf dem Rad zu leben, weil sie bei Marathon-Distanzen ganz einfach unausweichlich

Links: Australien-Umrundung 1993: 14.000 Kilometer
in 42 Tagen. Die mannshohen Termitenhügel sind im
australischen Outback oft die einzigen optischen Reize,
an denen man sich aufrichten kann.

Rechts: Konditionstest im Institut für Sportmedizin an der Bavaria-Klinik Regensburg. Die Meß-
ergebnisse wenige Wochen vor dem Start waren
äußerst ermutigend.

sind, Fuß- und Gesäßschmerzen zum Beispiel. Die können wirklich ekelhaft sein, aber deswegen aufzugeben, ist mir nie in den
Sinn gekommen. Es gibt in dieser Disziplin keinen zweiten
Versuch im Sinne von „Ich probier´ das in drei Wochen noch mal".
Die Vorbereitungen für manche Projekte sind so umfangreich,
daß man eh nur eine einzige Chance hat, das Ding durchzuzie-
hen – siehe Weltumrundung. Ein Filmriß wäre gleichbedeutend
mit dem Ende der Vorführung.

Dies traf auch für meine erste Solofahrt zu, die ich 1993 in
Australien unternahm. Die Fahrzeit, die der einheimische Rod
Evans für die Umrundung des Kontinents benötigt hatte, galt in
Fachkreisen als „Rekord für die Ewigkeit". Solche Prädikate sind
natürlich Schwachsinn, und ich war mir ziemlich sicher, die Zeit
des Australiers unterbieten zu können. Daß ich am Ende auf
14.000 Kilometern gleich um sieben Tage schneller war, hat mein
Selbstvertrauen natürlich noch einmal unheimlich beflügelt.
Schon während der Fahrt hatte mich der Gedanke beschäftigt,
wie Australien noch zu steigern wäre – und die Idee der Weltumrundung war geboren. Es hätte mich nicht interessiert, meinen
eigenen Rekord auf dem fünften Kontinent noch einmal zu unterbieten. Das wird eines Tages sicher einem anderen gelingen.
Nicht die schnellere Zeit war meine neue Herausforderung, sondern der längere Weg.

Wenn ich die Welt umrunden wollte, mußte ich auch mit
unterschiedlichsten klimatischen Bedingungen zurechtkommen.
Mit brütender Hitze hatte ich in den USA und in Australien aus-
reichend Bekanntschaft gemacht, den Kältetest absolvierte ich in
Alaska. Bei Temperaturen von bis zu minus 30 Grad beendete ich
das „Winter Bicycle Classic", ein 600 Kilometer langes Straßen-
rennen von Anchorage nach Fairbanks, zweimal (1993 und 1994)
als Zweiter. Weniger Glück war mir beim „Iditabike" beschieden,
einer Querfeldein-Prüfung mit dem Mountainbike. Die Teilnehmer sind auf der über 200 Kilometer langen Strecke weitgehend
auf sich alleine gestellt, müssen so ausgerüstet sein, daß sie not-
falls im Freien übernachten können. 1992 mußte ich mein Rad
rund 100 Kilometer weit schieben, weil ich mit zu dünnen Reifen
immer wieder im Schnee einbrach. Drei Jahre später erreichte ich
nicht einmal das Ziel, weil ich in der Nacht von der Route abge-
kommen war und mich in den Seitenarmen eines zugefrorenen
Flusses heillos verfranst hatte. Der Wink mit dem Zaunpfahl kam

gerade rechtzeitig: Fitness und Wille helfen rein gar nichts, wenn
man den Weg zum Ziel nicht verinnerlicht hat. Meine Vorbereitung auf das „Iditabike" war in dieser Hinsicht wirklich mangel-
haft gewesen – ein Fehler, der mir auf meiner Weltumrundung
nicht passieren durfte.

Das 80-Tage-Projekt wollte ich ursprünglich schon 1995 in
Angriff nehmen, steckte mit Rücksicht auf meine Familie – ich
war im Jahr zuvor erstmals Vater geworden – aber zurück. Ganz
ohne ging´s freilich nicht: Im April ´95 landete ich mit meiner
Crew wieder in Australien, um die Strecke Perth-Sydney unter die
Räder zu nehmen. Die 5000 Kilometer lange Kontinentaldurch-
querung gelang mir relativ problemlos, obwohl ich kaum trainiert
hatte. Für die Fahrzeit von knapp über 10 Tagen gab´s – wie
schon nach der Australien-Umrundung anno ´93 – einen Eintrag
ins Guinness-Buch der Rekorde. Viel wichtiger aber war die
Erkenntnis, über genügend Substanz zu verfügen, um mich binnen Jahresfrist auf meine größte Herausforderung vorbereiten zu
können. Die Zeit für die Weltumrundung war endgültig reif.

19

Der Countdown läuft

Das 80-Tage-Projekt sprengte in jeder Hinsicht den Rahmen
dessen, was ich und meine Mitarbeiter zuvor je auf die Beine
gestellt hatten: die längste Distanz, der größte Trainingsaufwand,
die umfangreichste Logistik, die höchsten Kosten – und vor allem:
ein gerüttelt Maß an Unwägbarkeiten. Wir konnten die Strecke
zwar anhand von detaillierten Karten ziemlich genau planen,
Straßen- und Verkehrsverhältnisse sowie Quartierbedingungen
waren für Länder wie Thailand oder Brasilien aber nur schwer
abschätzbar. Die unbekannten, vermeintlich problematischen
Streckenabschnitte vorher zu testen, schied aus Zeit- und Kosten-
gründen aus. Informationen, die wir von ortskundigen Dritten
einholten, klangen nicht immer ermutigend: „Radfahren auf
brasilianischen Hauptverkehrsstraßen? Das ist glatter Selbst-
mord!" Dieses Risiko ließ sich ziemlich minimieren, weil ich ja
durch das Begleitfahrzeug nach hinten immer abgeschirmt sein
würde. Mehr Sorgen bereitete mir da schon die Frage, ob wir
jeden Tag auf ein brauchbares Quartier stoßen würden, denn nicht
alles ließ sich im voraus buchen. Ich konnte zur Not zwar auch
im Begleitfahrzeug übernachten, aber im Sinne optimaler Regeneration und Hygiene sind ein richtiges Bett und eine Dusche fast
unerläßlich. Ich mußte damit rechnen, täglich bis zu 15, 16 Stun-

den im Sattel zu sitzen – ohne gesunden Schlaf auf Dauer nicht
machbar. Der Schweiß, der sich unter der engen Radhose fest-
setzt, muß nach getaner Arbeit gründlich abgewaschen werden,
sonst bilden sich im Schritt und an den Innenseiten der Oberschenkel schmerzhafte Entzündungen, mit denen man vielleicht
20, aber keine 80 Tage herumfahren kann.

Weil sich meine Mitarbeiter um die gesamte Organisation
und Logistik kümmerten, konnte ich für die „80 Tage" so optimal
trainieren wie nie zuvor. Das war auch unbedingt notwendig, denn
ich wagte mich – sportlich gesehen – auf unbekanntes Terrain:
Ich hatte in Australien wohl 14.000 Kilometer in 42 Tagen hinter
mich gebracht, aber würde die Energie auch für 74 Tage und
22.000 Kilometer reichen? Ließen sich die zu erwartenden Fuß-
und Gesäßprobleme auf einer solchen Distanz überhaupt in den
Griff bekommen? Würde ich nach acht, neun Wochen im Sattel
noch die mentale Kraft besitzen, mich zu 300 Radkilometern am
Tag zu überwinden? Wie würden sich die unterschiedlichen
klimatischen Verhältnisse, die Zeitverschiebungen von Kontinent
zu Kontinent auf mein Fortkommen auswirken? Wieviel Gegenwind – der ärgste Feind des Radsportlers – würde ich haben? Eine
Woche unter solchen Bedingungen, und ich bin schneller im roten
Bereich als mir lieb ist.

Meine hervorragende körperliche Fitness vor dem Start verdanke ich vor allem der Unterstützung durch das Institut für Sportmedizin an der Bavaria-Klinik Regensburg. Das Institut begleitete von Oktober 1995 bis Februar 1996 mein Training, das auf die gezielte konditionelle Verbesserung der Ausdauer- und Kraftgrundlagen abgestellt war.

Im Dezember absolvierte ich in Portugal ein erstes Trainings-lager, um im Bereich der Grundlagenausdauer zu arbeiten. Die Fortschritte waren erfreulicherweise meßbar – ein Kurzzeitaus-dauertest im Institut belegte meine verbesserte Sauerstoffaufnah-me. Drei weitere Trainingslager führten mich im Januar und Februar für insgesamt fünf Wochen nach Mallorca und Lanzarote. Unter optimalen äußeren Bedingungen wurde dort langes und überlanges Training realisiert, mit fünf- bis achtstündigen Aus-dauereinheiten. Ende Februar saß ich an manchen Tagen sogar über 12 Stunden im Sattel. Das Training in der freien Natur wurde – mehrmals wöchentlich – ergänzt durch spezielle, 40- bis 60-minütige Einheiten auf dem Laufband sowie durch medizini-sche Trainingstherapie.

Die abschließenden Tests waren äußerst ermutigend. Durch eine deutlich verbesserte Ökonomie im Stoffwechsel (muskulär),

Gute Fitness in Ehren, aber für Tempo 42 brauchte es schon den strammen Rückenwind an der ägyptischen Ostküste.

in der Atmung und im Herz-Kreislauf-Bereich waren meine Berg-fahr- und Ausdauerleistungsfähigkeit seit Oktober '95 deutlich gestiegen – um bis zu 30 Prozent.

Auch von der Organisation her „steht" das Unternehmen wenige Wochen vor dem Start. Für jede der insgesamt sieben großen Streckenabschnitte ist eine zweiköpfige Crew eingeteilt, die mich ständig begleitet und vom Fahrzeug aus verpflegt. Ein drittes Crewmitglied bereitet vor Ort die jeweils nächste Etappe vor, damit ich nach einem Verbindungsflug sofort aufs Rad steigen und loslegen kann. Insgesamt besteht meine Mannschaft aus 12 Personen, die mich teilweise schon auf früheren Touren beglei-tet haben. Diese Erfahrung ist für das Gelingen des Unterneh-mens unerläßlich. Die Crew kann zwar nicht für mich in die Pedale treten, sie kann mit einem Fehler das Projekt aber sehr wohl zum Scheitern bringen. Fahrer wie Crew haben die gleich schwere Verantwortung. Wenn ich also das Ziel in Berlin erreiche, dann ist das nicht nur meine Leistung. Das muß vor dem Start deutlich gesagt werden.

21

Vorwort

Frau Holle und Herr Moser

Zur ersten Etappe Berlin – Rom

Kaltstartprobleme

➜ **30. März, 1. Tag**

Der Morgenhimmel über Berlin ist wolkenverhangen, die Temperatur liegt nur unwesentlich über dem Gefrierpunkt. Wie soll man sich an einem solchen Tag fürs Radfahren erwärmen? Als ich mich gegen 8.30 Uhr zusammen mit meiner Crew vom Hotel auf den Weg zum Start am Brandenburger Tor mache, beginnt es sogar zu schneien. Ehrlich gesagt, hatte ich mir den Start zu meiner Weltumrundung etwas anders vorgestellt – mit viel Sonne und so. Daß in der vergangenen Nacht an Schlaf bei mir wieder einmal kaum zu denken war, beunruhigt nicht weiter. Die übliche Nervosität vor einem Rennen. Aber daß mir ausgerechnet Frau Holle und Väterchen Frost zum Start ihre Aufwartung machen, ist irgendwie beklemmend.

Berlin (Start)
Jena
Roth
München
Mittenwald
Ostiglia
Viterbo
Rom

Als wir am Brandenburger Tor eintreffen, sieht das Ganze schon viel freundlicher aus. Ein großer Haufen Schaulustiger, die Dekoration der Sponsoren und die Hektik der Medienvertreter bringen Farbe und Leben ins Bild. Der Auftrieb am Start motiviert, keine Frage. Denn alle, die zum Brandenburger Tor gekommen sind, erwarten sicherlich, daß ich nach 80 Tagen dort wieder über die Ziellinie rolle. Meine eigenen Gedanken reichen längst nicht so weit, wenn ich ehrlich bin, eigentlich nur bis zur ersten Tagesetappe. 264 Kilometer sind es nach Jena, und damit hat man schon mal ein greifbares Ziel. Ich käme wohl nicht weit, würde ich mir ständig diese gewaltige Gesamtdistanz von 22.000 Kilometern vor Augen halten.

Um zehn Uhr ist es dann soweit: Berlins Regierender Bürgermeister Eberhard Diepgen schickt mich mit ein paar warmen Worten und einem Schuß aus der Startpistole auf die Reise. Das Spalier aus Schaulustigen, Kameramännern und Fotografen ist so eng, daß ich kaum die Startrampe hinunterkomme. Was für ein Unterschied zu meinen bisherigen Unternehmungen: Oft sind wir losgefahren, und fast niemand hat's bemerkt: bei meiner Australien-Umrundung zum Beispiel, als höchstens zwei, drei Lokalreporter ihre Kamera zückten; oder in Alaska, wo sich nur das halbe Dutzend Teilnehmer samt Crew und ein paar Organisatoren an den Start des „Winter Bicycle Classic" verirrt hatten. Sich unter solchen Vorzeichen für eine lange Distanz zu motivieren, ist schon ein kleines Kunststück. Diesmal habe ich es auf den ersten Kilometern viel einfacher. Ich muß nicht einmal alleine fahren, denn eine Gruppe Berliner Radsportler begleitet mich auf der Etappe nach Jena. Unter ihnen ist auch Klaus Haetzel, ein ebenso begeisterter Marathon-Mann wie ich, auch schon mit RAAM-Erfahrung (siehe vorn). Wir sind uns bei diesem Rennen 1994 das erste Mal begegnet und haben uns damals, glaube ich, gegenseitig ziemlich angestachelt. Weniger als Konkurrenten um die bessere Plazierung – Klaus liegt mindestens eine Altersklasse über mir –, mehr als Schicksalsgefährten. Je länger die Distanzen, um so weniger Sinn macht es eigentlich, mit anderen um die Wette zu fahren. Die Uhr als abstrakter Gegner geht in Ordnung, aber sich nach

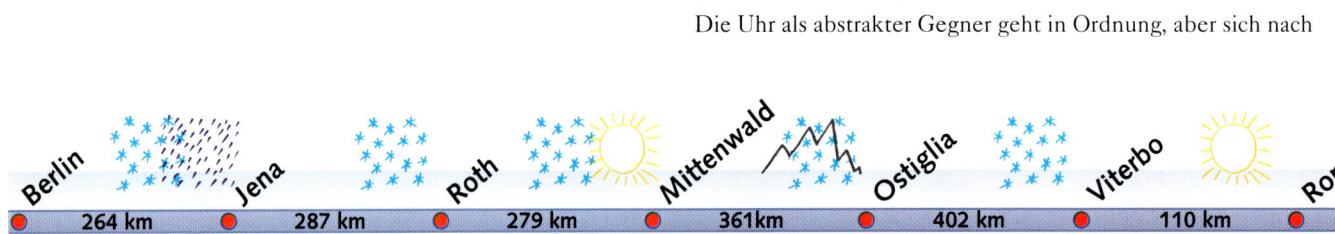

Berlin	Jena	Roth	Mittenwald	Ostiglia	Viterbo	Rom
264 km	287 km	279 km	361km	402 km	110 km	

10.000 Kilometern gegenüber jemand als Sieger zu fühlen, der
dafür vielleicht zwei Tage länger gebraucht hat, wäre irgendwie
absurd. Zuviel Unwägbarkeiten liegen auf einer solchen Strecke,
die mit sportlichen Belangen oft überhaupt nichts zu tun haben.
Klaus kann als Marathon-Spezialist wohl wie kaum ein anderer
nachvollziehen, was ich mir mit den „80 Tagen" aufgehalst habe.
Umso mehr freut mich seine Unterstützung. Und obwohl er der
Idee einer Weltumrundung anfangs skeptisch gegenüberstand,
spüre ich, daß mit jedem Kilometer, den wir gemeinsam fahren,
seine Begeisterung für das Unternehmen wächst. Ich glaube in
Jena hat nicht viel gefehlt, und er wäre mit mir um den Globus
gestrampelt.

Kurz nach neun Uhr abends sind wir am ersten Etappenziel
angelangt. 11 Stunden für 264 Kilometer. Der 24er Schnitt ist
angesichts der lausigen Kälte zum Einrollen für mich fast schon
zu hoch, aber im Pulk kann man sich vor einem gewissen Tempo
nicht drücken. Abgelenkt durch meine Begleiter und beschäftigt,
meinen Rhythmus zu finden, blieb von der Route über Potsdam,
Wittenberg, Leipzig und Naumburg nicht viel haften. Allenfalls
ein Eindruck von Tristesse, der aber von der miesen Witterung
herrühren mag. Für Sightseeing bleibt verständlicherweise keine
Zeit. Diesen Preis muß zahlen, wer gegen die Uhr fährt. In Wit-

tenberg zum Beispiel, wo Luther seine Thesen angeschlagen hat,
spürte ich halt nicht den Hauch der Geschichte, wie man so schön
sagt, sondern nur den eisigen Fahrtwind.

Für mich ist in Jena zuerst einmal nicht Erholung, sondern ein
PR-Termin angesagt – für die Ronald McDonald Kinderhilfe. Die
gemeinnützige, internationale Organisation, die am Ende des
Buches näher beschrieben ist, unterhält zahlreiche Häuser zur
Unterbringung und Betreuung der Familien schwer- oder chro-
nischkranker Kinder in der Nähe ihrer Behandlungsorte. Mir ist
die Kinderhilfe deswegen so sympathisch, weil sie auf einem Prinzip basiert, von dem ich aus eigener (Rad-)Erfahrung weiß, daß es
einen gerade in schwierigen Situationen weiterbringt: Motivation.
Dem Genesungsprozeß schwerkranker Kinder hilft es eben ungemein, wenn sie die familiäre Geborgenheit spüren. Umgekehrt
motivieren mich der Applaus und die Dankbarkeit, die man mir
bei Besuchen dieser Einrichtungen entgegenbringt. Wenn es
Menschen gibt, die für die Kinderhilfe spenden, weil sie damit
meine Leistung auf dem Rad honorieren, gibt das einem Unternehmen wie den „80 Tagen" ja auch einen Sinn, der über ego-
orientierte Zielsetzungen hinausgeht.

Frau Holle und Herr Moser

Eindrücke aus deutschen Landen: Der Aufbau
Ost (links: Ortsdurchfahrt in Brandenburg) ist
noch nicht am Ziel, im oberbayerischen
Neuburg/Donau dagegen scheint die Welt in
Ordnung.

Heimatgefühle

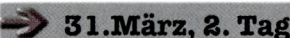

31.März, 2. Tag

Böses Erwachen: Als wir kurz nach sechs Uhr morgens vom Hotel
aufbrechen, sind die Straßen schneebedeckt, teilweise gefährlich
glatt. Der eisige Wind verstärkt das Gefühl, wir würden zu einer
Etappe in Alaska ausrücken. Das erste Tageslicht bestätigt allerdings den Eintrag im Routebook, wonach wir uns hier im Saale-
Tal bewegen und bald auf die Ausläufer des Thüringer Schiefer-
gebirges stoßen müssen. Die ersten Anstiege zwischen
Hummelsheim und Schleiz sind mühsam, mein Durchschnittstempo entsprechend niedrig. Es herrschen die denkbar schlech-
testen Bedingungen, um sich für eine 22.000-Kilometer-Distanz
einzurollen. Ich brauche ohnehin immer sehr lange, bis ich meinen Rhythmus gefunden habe, aber diesmal scheine ich in diesem
Punkt überhaupt nicht voranzukommen. Das klamme Gefühl
unter den windabweisenden Radklamotten tut ein übriges, um
mir die Aufbruchstimmung zu vermiesen. Gedanken an die Tosca-
na, wo mich in drei Tagen hoffentlich Sonnenschein und milde
Temperaturen erwarten, verschaffen kurzzeitig Ablenkung, aber
im Prinzip sind die 287 Tageskilometer über Hof, Bayreuth, Erlan-

gen in meine Heimatstadt Roth nur mit der guten alten Häpp-
chen-Methode hinunterzuwürgen: Aus dem Begleitfahrzeug hole
ich mir immer wieder die Information, wie weit es noch in den
nächsten größeren Ort ist, und rede mir danach ein: „Na, das ist
jetzt auch noch zu schaffen." Diese zugegeben primitive Form der
Motivation muß nicht herhalten, weil ich schon körperliche Probleme hätte, es fällt nur unheimlich schwer, sich am Abenteuer
Weltumrundung aufzurichten, wenn man nach zwei von 80 Tagen
schon wieder auf heimische Gefilde zusteuert und in den eigenen
vier Wänden übernachtet.

Der Crew geht es da nicht anders. Im Begleitfahrzeug zu
sitzen und zwölf bis 15 Stunden am Tag hinter mir herzuzockeln,
kann schon auch nervtötend sein, wenn vorübergehend Orte wie
Konradsreuth oder Zirndorf die große weite Welt bedeuten sollen.
Auf dem ersten Abschnitt bis Rom ist die Begleitmannschaft gera-
dezu üppig besetzt. Meine Frau Renate und meine Schwester
Traudl kümmern sich vor allem um Verpflegung und medizinische
Betreuung. Dazu hat es sich ein befreundeter Metzger, Hans
Küffner, nicht nehmen lassen, ein Wohnmobil als rollende Küche
auszustatten und mit auf die Reise nach Italien zu schicken.

Jörn Gersbeck hat den Part des sportlichen Betreuers inne, der
anhand des Streckenprofils die Dosierung von Tempo und Pausen
plant und auf die Einhaltung der erforderlichen Durchschnitts-
geschwindigkeit achtet. Aufgrund der langen Distanzen muß ich
darauf achten, meinen Organismus möglichst nur im aeroben
Bereich zu belasten. Würde ich auf Dauer eine zu hohe Sauerstoff-
schuld eingehen, müßte sich der Körper Energie aus den Kohlehy-
dratspeichern holen und damit die eigene Substanz angreifen. Auf
dem Rad entwickelt man zwar ein ganz gutes Gefühl für die
Schwelle zum anaeroben Bereich, aber manchmal ist es ganz hilfreich, wenn einer von außen die Bremse zieht. Der umgekehrte
Fall ist sogar noch relevanter: Nach einigen tausend Kilometern in
den Beinen setzen auch die geistigen Ermüdungszustände immer
früher ein, die Kontrolle über das eigene Tempo geht verloren.
Da kann nach 150, 200 Tageskilometern mein Schnitt unter die
20er Marke sinken, ohne daß ich das in meinem steten Rhythmus
registriere. Die Crew gibt mir in solchen Fällen Zunder. Kritisch
wird´s nur, wenn ich körperlich so ausgelaugt bin, daß es einfach
nicht schneller geht. Dann ist der Betreuer sauer, weil er glaubt,
ich hätte einfach keine Lust, einen Gang zuzulegen, und ich bin

gereizt, weil mich wieder einmal niemand verstehen will. Im Etappenziel angekommen, manchmal Stunden hinter der Marschtabelle, geht man sich dann besser aus dem Weg

Meine Ernährung während dieser Marathon-Tour ist natürlich speziell auf Ausdauerbelastungen zugeschnitten, birgt aber keine großen „Geheimnisse". Kohlehydratreiche Speisen wie Kartoffeln, Reis und Nudeln sind Pflicht, hochkalorische Getränke helfen, den Bedarf von bis zu 8000 Kalorien täglich zu decken. Pro Tag muß ich – je nach Witterung – fünf bis acht Liter Flüssigkeit zu mir nehmen, darunter die obligatorischen elektrolythaltigen Mineraldrinks, aber am liebsten ist mir ehrlich gesagt dieses dunkelbraune, pappsüße Getränk, dessen Rezeptur der Hersteller hütet wie seinen Augapfel. Obst (da die Ananas) und Cookies, amerikanische Butterplätzchen, sind meine bevorzugten Zwischendurchmahlzeiten im Sattel. Abwechslung auf der Speisekarte hat mich auf Marathondistanzen noch immer weiter gebracht als die strenge Befolgung ernährungswissenschaftlicher Erkenntnisse. 1991 hatte ich beim Race Across America fast ganz auf Flüssignahrung gesetzt und mich am Ende so vor dem Zeug geekelt, daß das Essen mehr Überwindung kostete als das Radfahren.

Frau Holle und Herr Moser

Oben: Kurze Verschnaufpause im Begleitfahrzeug,
im Hintergrund meine Frau Renate. Das Zimmer-
Angebot am Brenner-Paß (unten) muß ich leider
ausschlagen.

Rechts: Südtiroler Radsportler begleiten mich auf dem
Weg von Brixen nach Bozen.

Zurück zur Strecke: Gegen 20.15 Uhr, zur prime time also,
treffen wir in Roth am Marktplatz ein. Ich hätte nie gedacht, daß
um diese Zeit so viele Bürger meiner langjährigen Heimatstadt
den warmen Fernsehsessel mit einem bitterkalten Stehplatz vertauschen und mir einen tollen Empfang bereiten. Der Oberbür-
germeister der Nachbarstadt, Hartwig Reimann, hat mich das letzte Stück sogar auf dem Rad begleitet, und sein Rother Amts-
kollege Hans Weiß findet die richtigen Worte, um die Strapazen
des Tages vergessen zu machen.

Die kurze Übernachtung in unserem Zuhause in Rednitzhembach erinnert mich schmerzlich an das, was ich während der 80-
Tage-Tour am meisten vermissen werde: meine Familie. Renate
ist wenigstens noch bis Rom dabei, aber die zweijährige Laura
werde ich wohl erst wieder in Berlin sehen. Die Familie so lange
alleine lassen zu müssen, hat lange Zeit dagegengesprochen, die
Weltumrundung überhaupt in Angriff zu nehmen. Ohne Renates
großartiges Verständnis und Unterstützung wäre ich sicher nicht an

den Start gegangen. „Erfüll' Dir Deinen Traum", hat sie mich immer wieder in meinem Vorhaben bestärkt. Hätte ich verzichtet, ein Rest Unzufriedenheit wäre wahrscheinlich immer geblieben. Die Unzufriedenheit, eine Chance verpaßt zu haben, eine einmalige Chance.

➡️ 1. April, 3. Tag

Die 170 Kilometer von Roth über Eichstätt und Dachau nach München bringen endlich die ersehnten guten äußeren Bedingungen, um richtig Tritt fassen zu können. Sonnenschein und eine weitgehend ebene Strecke sind als Vorlauf für die schwierige Alpenetappe, die mir am nächsten Tag bevorsteht, genau richtig. Erst am Alpenrand wird das Wetter wieder schlechter. Als wir nach

279 Kilometern eher gemächlicher Fahrt abends am Etappenziel in Mittenwald ankommen, setzt Schneeregen ein. Der Wetterbericht für den 2. April verheißt alles andere als Besserung.

Begegnung mit einem Idol

➡️ 2. April, 4. Tag

Die erste „Hammeretappe", wie meine Crew immer zu sagen pflegt, wenn über 350 Kilometer auf dem Programm stehen; genaugenommen sind es deren 361 von Mittenwald nach Ostiglia in der Poebene. Abfahrt 5.45 Uhr, eine halbe Stunde früher als die Tage zuvor. Die Überlänge der Etappe, der Anstieg zum Brenner-Paß und die geplante Begegnung mit dem italienischen Rad-Idol

29

Frau Holle und Herr Moser

Verbeugung vor dem Defektteufel. Wohl dem, der alle Zeit der Welt hat, sein Rad wieder auf Vordermann zu bringen.

Rechts: Händedruck vom Weltmeister: Treffen mit Italiens Rad-Idol Francesco Moser in Bozen.

Francesco Moser – wie soll das alles in einem vernünftigen Zeitrahmen zu bewältigen sein?

Während der ersten Kilometer in stockfinsterer Nacht, bei Schneefall und glatter Fahrbahn, kocht der erste richtige Ärger in mir hoch: So früh im Rennen eine solch schwierige Etappe einzubauen, ist eigentlich Blödsinn. Erstens laufe ich Gefahr, mich zu sehr zu verausgaben, wertvolle Substanz einzubüßen; zweitens könnte ich gezwungen sein, früher als geplant ein Quartier zu suchen, wenn mir die Zeit im Sattel davonläuft. Die verlorenen Kilometer in den nächsten beiden Tagen wieder hereinzufahren, ist nicht realistisch: Am 3. April stehen ohnehin schon 370 Kilometer auf dem Programm, tags darauf müssen wir früh am Flughafen in Rom sein, um die Maschine nach Tel Aviv zu erwischen.

Hadern hilft nicht. Ich muß mit der Situation leben und versuchen, das Beste daraus zu machen. Das heißt erst einmal, zügig den Brenner-Paß hochzufahren. Bei Morgengrauen passieren wir Innsbruck, das Wetter ist nach wie vor zum Vergessen. Von der Landschaft sieht man kaum etwas, alles nebelverhangen. Bergfahrtrott ist angesagt: Ich senke den Kopf, blicke kaum noch nach vorn, gehe viel aus dem Sattel und betreibe meine Asphaltstudien. Die Bewegungen zur Seite sind ausladend – und damit schädlich für den Vortrieb –, aber der Rhythmus stimmt. Ich könnte jetzt ewig so zufahren.

Rechts:

Toskana naßkalt: Auf dem Passo di Raticosa (oben) herrscht am 3. April sogar tiefster Winter. Das schlechte Wetter und die bergige Strecke machen die 400 Kilometer lange Etappe Ostiglia-Viterbo zu einer 23stündigen Gewalttour.

Gegen 9.15 Uhr sind wir oben am Brenner, die letzten zwei Stunden sind wie im Flug vergangen. Auf italienischem Boden gönne ich mir eine 20minütige Pause, um vor der bevorstehenden langen Abfahrt die völlig verschwitzten Klamotten zu wechseln. Die nächste Stunde im Sattel ist traumhaft: es geht fast nur bergab, und mit jedem Kilometer scheint es ein Grad wärmer zu werden. Kein Gedanke mehr, daß ich diese 400 Kilometer heute vielleicht nicht schaffen könnte.

Eine einheimische Radgruppe begleitet mich von Brixen bis Bozen, wo ein Treffen mit dem italienischen Rad-Idol Francesco Moser und dem Bürgermeister der Stadt organisiert ist. Als wir – mit Polizeieskorte – auf dem Landhausplatz in Bozen eintreffen, hat sich dort bereits ein ziemlicher Menschenauflauf gebildet – es wäre vermessen zu behaupten, die seien alle nur wegen mir gekommen. Als radbegeisterte Nation liegen die Italiener natürlich ihrem Francesco Moser zu Füßen; völlig zurecht, denn der Mann hat eine Ausstrahlung, die ist phänomenal. Freundlich, aber doch mit dem kleinen Hauch von Distanz, die Ehrfurcht einflößt. Shakehands vor den Kameras. Moser ist mit Rad und in „Arbeitskleidung" erschienen, weil wir anschließend gemeinsam in seine 60 Kilometer entfernte Heimatstadt Trento radeln werden. Obwohl der ehemalige Weltmeister und Giro d'Italia-Sieger seine Karriere schon vor Jahren beendet hat, wirkt sein drahtiger Körper immer noch perfekt austrainiert. Kein Gramm Fett zuviel. Würde ich von mir nicht gerade behaupten, aber was nach 1000 Kilometern nicht ist, kann ja in 21.000 noch werden. Auch unsere Ausrüstung unterscheidet sich erheblich: Mosers spartanisch ausgestattetes Renngerät verdient das Prädikat klassisch, dagegen wirkt meine 26-Zoll-Maschine mit Triathlon-Lenker und Tri-Spokes (aerodynamischen Laufrädern) fast futuristisch. Und ein Helm hat auf dem Charakterkopf eines Radheroen natürlich nichts verloren.

Mosers Ausnahmestellung in der Öffentlichkeit spiegelt auch der bedingungslose Einsatz der Motorradeskorte wider, die uns aus Bozen hinausgeleitet. Die Uniformierten preschen vor uns auf jede Kreuzung, schneiden dem Autoverkehr so brutal den Weg ab, als müßten sie für den Staatspräsidenten eine Schneise schlagen. Auf freier Strecke wird unser Pulk später von einer ahnungslosen Polizeistreife gestoppt, die aber sofort strammsteht und kleinlaut wieder abzieht, als der Meister die Situation erklärt.

Welchen Schnitt ich denn üblicherweise so fahre, erkundigt sich Moser. Ich werfe optimistische „25 Stundenkilometer" in die Waagschale, erkenne aber an seiner ungläubigen Miene, daß Radmarathon nicht die Welt des Champions ist. Lächelt freundlich und enteilt wieder an die Spitze des Pulks. Dort schlägt er scheinbar mühelos und stets im eifrigen Dialog mit seinen Radfreunden ein Tempo an, das mir einfach zu schnell ist. Wenn ich mich jetzt partout an Mosers Hinterrad klemmen würde, könnte ich mein Etappenziel gleich abschreiben.

In Trento angekommen, kredenzt Moser vor seinem Radgeschäft Wein, dessen Etikett selbstredend den Schriftzug des Meisters trägt. Ein kleiner Schluck nur, immerhin liegen noch 140 Kilometer vor mir. Als wir wieder alleine unterwegs sind, ist das Thema Moser längst noch nicht erledigt. Jörn kommt mit dem Begleitfahrzeug immer wieder längsseits und schwärmt: „Hast Du den runden Tritt geseh'n, den ruhigen Oberkörper... Eleganz pur, besser geht's nicht!" Ja, ja, ich weiß, davon ist meine Fahrweise ein gutes Stück entfernt. „Könntest Du die Heldenverehrung vielleicht etwas zurückschrauben", sage ich zu Jörn, „und Dich wieder auf unsere Sache konzentrieren; wie weit ist es eigentlich noch nach Ostiglia?" Arg weit. Erst um 23 Uhr ist mein 17-Stunden-Arbeitstag zu Ende. Im Hotel hat unser Vorauskommando einen Masseur für mich organisiert, aber als der Hand anlegt, bin ich schon sanft entschlummert.

Der längste Tag

➤ 3. April, 5. Tag

Start schon um fünf Uhr morgens. Ich will heute unbedingt früher im Quartier ankommen, um mich besser regenerieren zu können. Auf dem ersten Stück Richtung Bologna beginnt es in der Poebene schon wieder zu regnen, erst leicht, dann immer heftiger. Das erhoffte Schönwetter in der Toskana können wir uns wohl abschminken, soviel ist jetzt schon klar. Es kommt aber noch viel schlimmer: Von der sanften Hügellandschaft, die den Fremden sonst in Verzückung versetzt, ist praktisch überhaupt nichts zu erkennen, so tief hängen die Wolken. Als ich hinter Monghidoro den Passo di Raticosa hochklettere, beginnt es sogar zu schneien. Unglaublich. Ich hatte mir vor dem Start ja viele Widrigkeiten ausgemalt, nur das nicht. Dasselbe Spiel wie am Brenner: Kopf

Frau Holle und Herr Moser

gesenkt, Wiegetritt, Asphaltpanorama. Auf der Paßhöhe sollte eigentlich das Wohnmobil mit dem Mittagessen auf uns warten, aber von dem Schiff war den ganzen Tag noch nichts zu sehen. Ich krieche ins Begleitfahrzeug, wechsle die Kleidung. Selbst die feuchtigkeitsabweisenden Überwurfklamotten halten bei dieser Witterung nicht ganz dicht, nässen vor allem an jenen Stellen, die durch den Fahrtwind an den Körper gepreßt werden.

Während der rasanten Abfahrt nach Florenz lockert sich Gott sei Dank die Bewölkung, der Blick auf die Stadt am Arno entschädigt erst einmal für die optische Pleite am Vormittag. Als wir auf den dichten und stockenden Verkehr im Zentrum stoßen, wechsle ich ins Begleitfahrzeug. Wir haben uns bei der Routenplanung die Möglichkeit vorbehalten, große Städte auf diese Art und Weise zu durchqueren, weil die Gefahr, im Verkehrschaos über den Haufen gefahren zu werden, einfach zu groß sein kann. Außerdem würde ich im Stop-and-go-Rhythmus auf dem Rad unter Umständen zu viel Zeit verlieren.

34

Das Wetter wird gegen Abend, als wir langsam auf Siena zusteuern, richtig gut; die Stimmung ist aber trotzdem im Keller. Der Grund: Immer noch kein Lebenszeichen von unserer Wohn-

mobilbesatzung. Wir setzen alle Hebel in Bewegung, um herauszufinden, ob sie vielleicht in einen Unfall verstrickt sind. Die Lage ist deshalb so beunruhigend, weil die Crews der Begleitfahrzeuge über Handy eigentlich optimal miteinander kommunizieren können. Wegen der Sprachbarriere würden wir bei den italienischen Behörden nicht weit kommen, also laufen unsere Telefon-Recherchen über Deutschland. Aber auch dort hat sich das Wohnmobil nicht gemeldet. Die Crew ist wie gelähmt, und auch ich spüre keine große Motivation, quäle mich mehr oder weniger über die hügelige Strecke. Uns ist allen klar, daß ein schwerer Unfall das Ende des ganzen Unternehmens bedeuten könnte. Und bei den rutschigen Straßenverhältnissen, die am Morgen geherrscht haben, ist wahrlich nichts auszuschließen...

Inzwischen ist es dunkel geworden, ich rolle ziemlich lustlos dahin. Eigentlich sollte ich mich sputen, mein Tagesziel im Kopf haben, das laut Routebook noch etwa 100 Kilometer entfernt ist. Aber alles, was ich jetzt registriere, ist der vorbeidonnernde Verkehr, laut und bedrohlich. Plötzlich hupt mich Jörn von hinten an, ich reiße den Kopf hoch und erkenne ein paar hundert Meter vor mir – das Wohnmobil! Die Erleichterung steht uns allen ins Gesicht geschrieben, bei der anschließenden kurzen Pause wird

Links:
Fahrt durch toskanische Weinberge
zwischen Florenz und Siena.

Rechts:
Vom Rad ins Flugzeug: Ankunft am
Airport Rom, die ersten 1703 Kilometer
sind geschafft.

soviel geredet wie den ganzen Tag nicht. Die Wohnmobilbesatzung wollte am Morgen den Weg zu unserem Treffpunkt abkürzen, hatte sich dabei aber heillos verfranst und war den ganzen Tag damit beschäftigt, auf einer vermeintlich schnelleren Route verlorenen Boden wieder gutzumachen. Die drahtlose Kommunikation scheiterte offenbar an der bergigen Landschaft. Wir hatten, um es vorsichtig auszudrücken, wenig Freude an der Toskana.

Es ist schon nach elf, als wir wieder aufbrechen. Mit den Kilometerangaben im Routebook – das ist an den tatsächlichen Entfernungen zwischen Serravalle, Pienza und Bolsena nachzuvollziehen – kann etwas nicht stimmen. Entweder konnten meine Streckenplaner die Karte nicht lesen oder, böse Ahnung, man hat mir die kürzere Distanz nur vorgegaukelt. Ein großes Problem künstlich verkleinern, um ihm den Schrecken zu nehmen – vor allem Jörn greift gerne auf dieses Mittel zurück, weil es beim Race Across America schon funktioniert hat. Wir sind hier aber nicht auf einer Zehn-, sondern auf einer 80-Tages-Tour, und als sich mein Verdacht bestätigt, bin ich stocksauer. Statt der angekündigten 370 sind es am Ende 402 Kilometer, die ich von Ostiglia nach Viterbo zurückgelegt habe. Um viertel vor vier, nach fast 23 Stunden Fahrt, treffen wir endlich im Quartier ein. Meine Knie schmerzen, ich bin restlos bedient.

Übermüdet, überladen

➡ 4. April, 6. Tag

Nach eineinhalb Stunden Ruhe im Hotelbett von Schlaf und Erholung zu reden, wäre übertrieben. Jörn steht kurz nach fünf Uhr schon wieder auf der Matte: „Aufstehen, Hubert, der Flughafen ruft!" Die laut Routebook 94 Kilometer nach Rom entpuppen sich – mich wundert gar nichts mehr – als deren 110. Die Strecke ist allerdings immer noch kurz genug, um das Schlafdefizit und die Strapazen des Vortages einigermaßen wegstecken zu können. Um zehn steige ich am Airport vom Rad, Abflug 10.45 Uhr. Das Einchecken verläuft ziemlich chaotisch, wir haben 100 Kilo Übergepäck! Für die Verabschiedung von Renate und der Crew bleibt nicht viel Zeit, und ich habe auch keinen Nerv, große Reden zu schwingen. Erst als ich im Flieger nach Tel Aviv sitze, fällt die ganze Hektik etwas von mir ab. Zusammen mit Christopher Landerer, Chris Alge und Jörg Wurdak, die das Unternehmen

filmisch und fotografisch begleiten, lasse ich die vergangenen Tage noch einmal Revue passieren. Für die ersten gut 1700 Kilometer hätte ich mir sicher einen Tag mehr Zeit nehmen sollen, ... nachher ist man immer schlauer. Als uns Thomas am Flughafen in Tel Aviv abholt und mir hochsommerliche Temperaturen entgegenschlagen, ist aller Ärger erst einmal vergessen. Neue Umgebung, neues Glück.

Frau Holle und Herr Moser

Sandmännchens Sturm und Drang

Zur Etappe Tel Aviv – Abu Simbel

Der erste Kulturschock

➡ 5. April, 7.Tag

Tel Aviv im Morgennebel – gespenstisch. Kaum Autos und Passanten unterwegs, farblose Fluchten aus heruntergelassenen Rollos und Betonfassaden, die ab dem vierten Stockwerk im Nichts verschwinden. Nur die kleinen Zeitungskioske sind um diese Zeit schon hell erleuchtet – neongelbe Tupfer in einem Meer von Grau. Ich will nicht behaupten, daß mir diese Stimmung irgendwelche tiefere Einsichten in die Alpträume der Stadt gewährt, aber meine Gedanken kreisen um die blutigen Bombenanschläge moslemischer Fundamentalisten, von denen Tel Aviv in den Monaten zuvor heimgesucht worden ist. Gestern wäre mir so etwas nicht in den Sinn gekommen, als Jugendliche am Strand vor dem Hotel bis spät

in die Nacht lautstark gefeiert haben. Daß die Bedrohung aber zum Alltag in Israel gehört, zeigt die Bewaffnung unserer einheimischen Begleiter, Sharon und Thomas. Unter Thomas' weitem T-Shirt zeichnen sich an der Hüfte unübersehbar die Konturen von Pistole und Halfter ab. Als Armeesoldat darf er auch in Zivil die Waffe tragen. Auf den Ballermann angesprochen, entgegnet Thomas lächelnd und knapp: „No problem." Als Lebensversicherung muß er die Pistole aber doch ansehen, vielleicht, weil unsere Route ziemlich dicht am Gaza-Streifen, dem Autonomiegebiet der Palästinenser, vorbeiführt.

Wir sind um 6.30 Uhr aufgebrochen und haben nur etwa 180 Kilometer vor uns, in die aber der vermutlich zeitraubende Grenzübertritt nach Ägypten fällt. Bis dorthin muß ich mich mit dem Mountainbike und seinen – für gute Straßenverhältnisse – zu dikken Reifen abmühen. Mein Alu-Renner ist samt Laufrädern nicht rechtzeitig in Tel Aviv eingetroffen, obwohl ihn Thomas (Heß) vor einer Woche als Luftfracht in Deutschland aufgegeben hatte. Räder als Fluggepäck abzuschicken, ist ohnehin ein Lotteriespiel. Entweder trifft das Gerät überhaupt nicht ein, oder irgendwelche Anbauteile sind verbogen. Glück gehabt, wenn alles heil geblieben ist. Unsere Ausrüstung wird erst wieder nach dem Grenzübertritt komplett sein. Oli Zimmermann wartet in Ägypten mit zwei Fahrzeugen, einer neuen Rennmaschine und frischen Radklamotten auf mich.

Inzwischen steht die Sonne hoch am Himmel, das Thermometer nähert sich der 30-Grad-Marke. Die Hitze ist geradezu wohltuend im Vergleich zur „Kältekammer Europa". Seit dem Abflug aus Rom hat sich mein Körper gut regeneriert. Nicht die geringsten Beschwerden. Außerdem motiviert der Wechsel in eine neue, unbekannte Umgebung ungemein. Während der 130 Kilometer langen Fahrt durch Israels flachen, aber fruchtbaren Norden vergeht die Zeit wie im Flug. Erst, als wir uns dem Grenzübergang Kerem Shalom nähern, wird die Landschaft karger. Israel und Ägypten pflegen nicht gerade eine freundschaftliches Verhältnis, zwischen den ehemaligen Kriegsgegnern herrscht „kalter Friede". Wie sehr man sich an der Grenze offenbar mißtraut

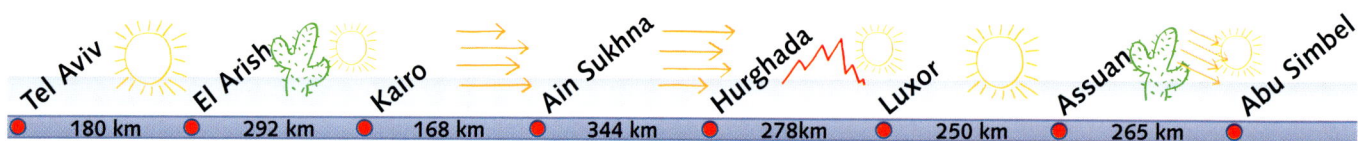

Tel Aviv	El Arish	Kairo	Ain Sukhna	Hurghada	Luxor	Assuan	Abu Simbel
180 km	292 km	168 km	344 km	278km	250 km	265 km	

Im Morgengrauen durch Tel Avivs
Außenbezirke (links). Sieben Stun-
den später ein viel freundlicheres
Bild: „Wellkamm tu Iitschipt!" –
Blumenempfang an der ägyptischen
Grenze.

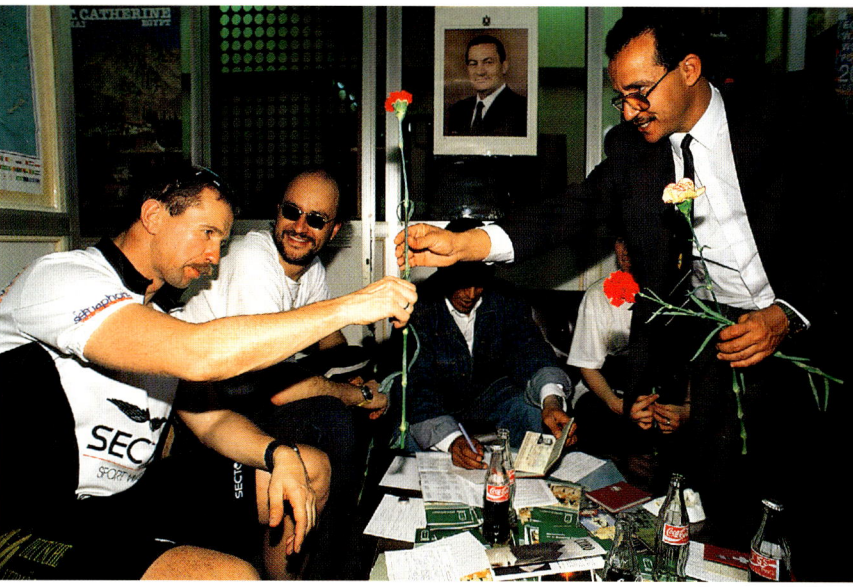

und voneinander abschottet, dokumentiert schon der israelische Vorposten, etwa zwei Kilometer vom Abfertigungsgebäude entfernt. Ein kleiner Betonturm, besetzt mit drei schwerbewaffneten Soldaten, und mächtige Steinklötze auf der Straße signalisieren dem Reisenden überdeutlich: Stop! Mit Thomas' Hilfe können wir relativ problemlos passieren, ich muß nur mein Rad im Fahrzeug verstauen. Zu siebt und beladen bis unters Dach rollen wir mit dem Van durchs Niemandsland zum nächsten Kontrollposten.

Dort ist erst einmal Stillstand, unser Unternehmen ist den Israelis offenbar nicht ganz geheuer. Ich gebe ein Empfehlungsschreiben der deutschen Botschaft, Thomas seine Waffe ab, und schließlich öffnet sich doch der Schlagbaum, um zur Zollabfertigung im Gebäude nebenan fahren zu können. Dort laden wir das Gepäck aus und verabschieden uns von Sharon und Thomas, die das Auto zurück nach Tel Aviv bringen. Nach einer schweißtreibenden Schlepperei läuft unser Arsenal an Koffern, Taschen und Rucksäcken durch das Röntgengerät in der Zollhalle. Welch Wunder: keine Beanstandungen. Jetzt heißt es, den ganzen Kram in einen Bus zu verladen, der uns zum ägyptischen Teil der Grenze bringt. Wieder durch Niemandsland, wieder ein Schlagbaum mit Wachposten. Der Blick aus dem Busfenster verrät aber auch, daß wir den Kulturkreis gewechselt haben. Einer der Wachmänner, offenbar der mit dem höchsten Dienstgrad, brütet im Schneidersitz gerade über dem Koran. Und der Schlagbaum bleibt unten. Unser Busfahrer, ein Ägypter, erläutert die Situation mit einem

dreifachen „Prä, prä, prä", was auf das englische „pray" (beten) hindeutet und nur bestätigt, was wir schon ahnen: Der Wachtmeister hat jetzt Wichtigeres zu tun, als uns durchzulassen. Schließlich geht der Schlagbaum doch hoch, obwohl die Gebetsstunde offensichtlich noch nicht beendet ist. Andere Länder, andere Sitten. Wir reihen uns samt Gepäck in der Schlange der Wartenden vor dem Abfertigungsgebäude ein. Es geht nur mühsam voran, und ich wage mir gar nicht vorzustellen, welche Prozeduren uns da drinnen noch bevorstehen. Plötzlich kommt ein Ägypter auf uns zu, strahlt mich an und hat eine verblüffende Wahrheit parat: „You are Hubert Schwarz!" Völlig korrekt, aber woher weiß er... Der Mann stellt sich als Tourismus-Beauftragter vor. Seine Information habe er über die ägyptische Botschaft in Deutschland erhalten, die wir um Unterstützung gebeten hatten. Ein Geschenk des Himmels. Jetzt geht alles viel schneller: Ehe wir uns versehen, sind wir durch Paß- und Gepäckkontrolle, sitzen im „Tourist office", wo man uns Blumen überreicht, die schriftlichen Einreiseformalitäten erledigt und anhand einer grobschematischen Skizze die geplante Route erläutert. Eigentlich wissen wir ja, wo's langgeht, aber die Fürsorge ist rührend.

Die schwüle Abfertigungshalle ist voll von Menschen, meist Frauen und Kinder; die Männer schlürfen in der kahlen Kneipe nebenan ihren Tee. Sie scheinen für die Weiterreise alle Zeit der Welt zu haben, ganz im Gegensatz zu mir. Der Zoll läßt sich von Christopher die komplette Videoausrüstung vorführen, wohl mehr

aus Interesse an der Technik und weniger, um zu überprüfen, ob wir damit etwas Gesetzwidriges anstellen könnten. Schließlich schieben wir unsere Gepäcktrolleys über den Hof und durch den letzten Kontrollpunkt – geschafft! Dreieinhalb Stunden hat die Grenzprozedur gedauert, aber das Erlebnis war's allemal wert.

Oli wartet vor der Grenze mit Michel Rauch, seines Zeichens Nah-Ost-Korrespondent. Er hat bei den Vorbereitungen geholfen und wird uns bis Kairo begleiten. Während wir das Gepäck im neuen Begleitfahrzeug, einem Peugeot Kombi, verstauen, sind wir von Einheimischen umringt. Mein Vehikel und mein Outfit scheinen sie irgendwie zu amüsieren, was im Land der Eselskarren und

Kamele nicht weiter verwundert. Schnell bin ich wieder auf dem Rad, um die 50 Kilometer bis ins Etappenziel El Arish in Angriff zu nehmen. Die Kulisse hat sich gegenüber Israel komplett gewandelt. Sandwüste wechselt mit Palmenhainen, bizarre Betonarchitektur neben armseligen Hütten, das Leben ist viel näher an die Straße herangerückt. Mich überholen Pickup-Trucks mit johlenden Jugendlichen auf der Ladefläche, von den kleinen Teehäusern, die es hier gibt wie Sand am Meer, winken die Einheimischen herüber. Die morgendliche Tristesse in Tel Aviv scheint plötzlich so weit entfernt wie Rom von Berlin. Und die Flut der Eindrücke hat mich fast völlig vom Radfahren abgelenkt. Ich spüre wenig Anstrengung, nur die Müdigkeit kriecht langsam hoch.

Gegen 17 Uhr sind wir in El Arish, wo vor dem Hotel schon der Polizeichef der Stadt auf uns wartet. Stolz verkündet er, daß wir am nächsten Tag bis Kairo von einer Motorradstreife begleitet werden. Da schläft man doch gleich viel ruhiger.

Eine Mission bleibt unerfüllt

6. April, 8. Tag

Start um 5.45 Uhr, vor mir liegen knapp 300 Kilometer. In den kühlen Morgenstunden komme ich, unterstützt von leichtem Rückenwind, glänzend voran. Nur das Motorrad unseres unifor-

mierten Begleiters stört etwas die Harmonie. Laut knatternd zuckelt die Maschine vor mir her, Abgase mischen sich mit dem Fahrtwind. Um uns herum fast nichts als Wüste, die Straße ewig breit, kaum Verkehr: Wozu Geleitschutz? Per Handzeichen bedeute ich dem Polizisten, er möge doch ein gutes Stück hinter mir bleiben, aber sein Auftrag lautet offenbar anders, und davon läßt er sich auch nicht abbringen, weicht kaum zwei Meter von meiner Seite. Irgendwann amüsiert das Ganze mehr, als daß es nervt. Aus dem Augenwinkel beobachte ich meinen Beschützer eine ganze Weile. Völlig starr und mit durchgedrücktem Rückgrat sitzt er auf seiner Maschine, verzieht unter dem Helm keine Miene, zündet sich ab und zu nur eine Zigarette an. Absolut cool, der Mann. Ich

Seite 38/39:
Von El Arish nach Kairo mit Motorradeskorte: Man könnte hier ja
leicht die Orientierung verlieren...

Unten:
Fliegender Händler am Suez-Kanal:
Eine Uhr hab´ ich leider schon.

24 Stundenkilometern ermöglicht. Als ich nach zwölfeinhalb Stunden Fahrt, unterbrochen nur von der 45minütigen Pause am Suez-Kanal, vom Rad steige, bin ich ziemlich ausgebrannt. Wenn plötzlich der Fahrtwind fehlt, trifft einen die Hitze wie ein Keulenschlag. Der Schweiß schießt nur so aus allen Poren. Am Stadtrand von Kairo verschwinde ich deshalb flugs ins klimatisierte Auto. Sich auf zwei Rädern in den chaotischen Verkehr der 12-Millionen-Metropole zu stürzen, wäre das reinste Selbstmordkommando. Um uns herum nichts als Blech, lautes Hupen, riskante Fahrspurwechsel, quietschende Reifen, haarige Bremsmanöver. Auf den ersten Blick eine feindliche Umgebung, aber irgendwo haben ich und diese Millionen Anarchos hinter dem Steuer auch etwas gemeinsam: Wir verfolgen das Ziel, an einem bestimmten Punkt rechtzeitig anzukommen, mit gewissem Nachdruck. Sympathisch, die Kairoer. Mein Unternehmen geht in diesem Heer von „Gleichgesinnten" natürlich völlig unter. Kein Mensch weiß, daß Hubert Schwarz in der Stadt ist, der Mann, der die Welt in 80 Tagen umrundet! Gerade in einer der größten Metropolen auf dem Erdball dürfte das die Wenigsten beeindrucken – eine heilsame Erfahrung, die dem Größenwahn wirksam vorbeugt. Gut tut auch die Massage, die ich mir spät abends im Hotel noch geben lasse.

„Mensch Meier"

→ 7. April, 9. Tag

Schon mal in Kairo, führt natürlich auch für mich kein Weg an den berühmten Pyramiden und der Sphinx bei Giseh vorbei. Es ist einer der wenigen Anlässe auf der gesamten Tour, der es für mich rechtfertigt, die eigentliche Route zu verlassen und wertvolle Zeit mit etwas Sightseeing zu „vergeuden". Auf Druck der Abteilung „Foto und Film" muß ich in voller Montur antreten, obwohl das Showfahren vor dem steinernen Weltwunder wie gesagt wenig mit dem eigentlichen Unternehmen zu tun hat. Ein Schnappschuß vor dieser Kulisse gehört aber ins Erinnerungsalbum, Zeitplan hin oder her. Apropos Schnappschuß: Wir bewegen uns hier auf lupenreinem Touristenterrain, was mir schmerzhaft klar wird, als mich ein Kamelreiter zunächst auf Englisch fragt, wo ich denn herkomme. Ich gebe mich dem Mann mit Turban brav als Deutscher zu erkennen, worauf es von den Kamelbuckeln schallt: „Mensch Meier!" Irgendwie raubt das dem Ort die ganze Exotik. Die

dagegen liege mehr auf meinem Rad, gekrümmter Rücken, die Beine strampeln. Ich glaube, wir beide geben ein ziemlich skurriles Paar ab. Nach etwa 150 Kilometern wechselt die Motorradbegleitung, aber das Bild bleibt dasselbe.

Bei El Quantara geht es über den Suez-Kanal, wir sind jetzt auf dem afrikanischen Kontinent. Während der kurzen Fährpassage sind die fliegenden Händler wie Kletten an mir gehangen. Anscheinend verstärkt mein rein sportliches Outfit den Eindruck, als könnte ich ein paar wirklich nützliche Dinge zum Leben noch dringend gebrauchen.

Einen echten Mangel leidet dagegen Amin, unser Begleiter in Uniform. Seine Maschine hat aus unerfindlichen Gründen den Geist aufgegeben, und nun sitzt er bei uns im Fahrzeug, offensichtlich enttäuscht, seine Mission nicht erfüllen zu können. Die Crew setzt ihn bei der nächsten Tankstelle ab. Zeit, Amin zu helfen, bleibt keine. Ich muß schleunigst weiter, bis Kairo sind es gut und gerne noch 150 Kilometer.

Inzwischen herrscht brütende Hitze und auf der vierspurigen Straße dichter Verkehr. Die Lockerheit der ersten sechs, sieben Stunden im Sattel schwindet langsam dahin. Aus Dampf wird Krampf. Zum Glück ist da immer noch dieser leichte Rückenwind, der Schlimmeres verhütet und mir einen Schnitt von etwa

Von der 12-Millionen-Stadt Kairo
bleibt nur ein flüchtiger Eindruck,
aber der ist imposant genug.

Einladung zum Ritt auf dem schwankenden Vierbeiner lehne ich dankend ab; und ich habe jetzt eigentlich auch keine Lust, zwischen den Pyramiden herumzukurven, würde mich lieber auf einem der mächtigen Steinquader niederlassen und die Szenerie genießen. Keine Chance – Fototermin. Dann ist es auch schon wieder Zeit, die Tagesetappe anzugehen. Ich muß mich damit abfinden, daß mir von diesem großartigen Ort nicht mehr als ein flüchtiger Eindruck bleibt. Verflixte Hatz!

Die Fahrt an den westlichen Stadtrand, die ich wieder im Auto absolviere, offenbart das andere Kairo: Endlose Slums, Kloaken am Straßenrand, es stinkt erbärmlich. Um 11 Uhr bin ich wieder im Sattel. Wir fahren in östliche Richtung, Zielpunkt Ain Sukhna am Golf von Suez. Zunächst eine überaus zähe Angelegenheit: Hitze, Gegenwind, Reifenpanne; nicht bei mir, sondern am Begleitfahrzeug. Ich spüre Müdigkeit in den Beinen, aber diesmal kein positiver Gedanke an die 2000 Kilometer, die immerhin schon hinter uns liegen. Es kommt mir vor, als würde ich wieder

bei Null beginnen. Beschäftigungstherapie: Ich überprüfe, was mir die verschiedenen Blickwinkel am Rad zu bieten haben: links Steinwüste, rechts Steinwüste, vor mir Asphalt. Ab und zu ein überdimensionales Werbeschild am Straßenrand. Warum so groß, hier verstellt doch nichts den Blick! Wahrscheinlich ein optischer Reiz, um die Autofahrer am Einschlafen zu hindern. Meine Augen richten sich aber meist nach unten, wo mir wenigstens das rotierende Kettenblatt und die Bewegung der Beine suggerieren, ich käme einigermaßen zügig voran.

Die Lage ändert sich schlagartig, als wir bei Suez gen Süden abbiegen und Rückenwind aufkommt. Jetzt fliege ich förmlich dahin, bin wieder hellwach. Sobald mich ein Lkw überholt, beginne ich wie ein Verrückter zu „kurbeln" und versuche möglichst

lange in seinem Windschatten zu bleiben. Einmal klettert die Digitalanzeige meines Tachos sogar auf sagenhafte 59 Stundenkilometer, in der Ebene, wohlgemerkt. Das macht Laune! Die Hunde, die am Straßenrand herumstreunen und meinen, sie müßten mir unbedingt an die Wade, hetzen vergeblich hinterher. Der Wind treibt meinen Tagesschnitt auf versöhnliche 26 Stundenkilometer. Um 18.45 Uhr ist die Arbeit getan. Der hübsche Hotelpool, ein gefundenes Fressen für die Crew, kann mir gestohlen bleiben. Ich gehe früh zu Bett, denn am nächsten Tag steht mir das doppelte Pensum bevor: 340 Kilometer.

Links:
Zeit für eine Ehrenrunde an den
Pyramiden von Giseh muß sein.

Unten:
Begegnung mit dem Kamel-
Tourismus: „Mensch Meier!"

„Ride like the wind"

8. April, 10. Tag

Ich liebe Ägypten. Seit wir gegen fünf Uhr früh aufgebrochen
sind, habe ich Rückenwind, der mich die Küstenstraße nur so
hinunterbläst. Über weite Strecken bin ich mit über 40 Stundenkilometern unterwegs, der Schnitt pendelt sich bei 35 ein. Könnte
das nicht immer so sein? Die Crew im Begleitfahrzeug ist gut
gelaunt wie lange nicht mehr. Denn das Erlebnis, unmittelbar hinter mir in den dritten Gang hochschalten zu können, wird sich so
schnell wohl kaum wiederholen. Die lockere Etappe weckt in
Traudl und Oli die Sangeslust: „Brennend heißer Wüstensand...",
geben sie aus dem Seitenfenster zum besten, wenn ich alle halbe

Stunde die leere Trinkflasche gegen eine volle tausche. Mir kommt
da eher Christopher Cross in den Sinn: „Ride like the wind". Was
doch so ein Lüftchen für einen Sinneswandel bewegen kann: Die
fast vegetationslose Umgebung hat sich seit gestern zwar keinen
Deut verändert, aber heute empfinde ich die Szenerie als großartig.

Am Etappenziel in Hurghada, wo wir schon um halb vier Uhr
nachmittags eintreffen, fällt mir unter der Dusche mein neues
Body-painting auf: Trotz Sunblocker sind Unterarme, Beine,
Gesicht und Hals tiefbraun, am Kleidungsansatz krebsrot. Ein
wunderschöner Kontrast zum blassen Rest. Auch die Radhand-
schuhe haben schon deutlich ihren Abdruck hinterlassen.

43

Warten auf Geleitschutz

➡ 9. April, 11. Tag

An der Ostküste zunächst wenig Neues. Der Rückenwind weht in den frühen Morgenstunden weniger stark, aber es reicht, um die ersten gut 40 Kilometer bis Port Safaga ohne große Anstrengung hinter mich zu bringen. In der Hafenstadt am Roten Meer geht es dann zurück ins Landesinnere. Unser Tagesziel ist Luxor, die geschichtsträchtige Stadt am Nil, mit den Tempelruinen des pharaonischen Theben, die die Touristen in Scharen locken. Daß die Götter vor den Erfolg den Schweiß gesetzt haben, wußten vermut-

lich schon die im Aufwuchten ungeheuerlicher Steinmassen trainierten alten Ägypter, und auch mir bleibt diese Erfahrung an diesem Tag nicht erspart.

Mit der Fahrt gen Westen ist es windstill geworden, dafür scheint die Sonne umso stärker zu brennen. In weiten Bögen windet sich die Straße hoch zu einer bizarren Berglandschaft. Schroffe Felsabbrüche, sandige Böden, kein Baum, kein Strauch, kein Wasser. Christopher, unser Kameramann, nennt so etwas „outspaced", worunter er höchste Motivtauglichkeit versteht. Mir ist bei weitem nicht so euphorisch zumute. „Klettern" mit dem Rad gehört zwar normalerweise zu meinen Stärken, aber die Hitze

Links:
Oben: „Have a nice trip!":
Wüstenetappe nach Abu Simbel.
Unten: Palmenhain bei El Arish.

Rechts:
Oben: Fahrt am Nil.
Unten: In den Bergen hinter
Port Safaga.

hier ist einfach mörderisch. Von der Crew werde ich immer wieder aufgefordert, mehr zu trinken, denn der Flüssigkeitsverlust unter solchen Bedingungen ist enorm. Auf dem Rad verliert man selbst leicht das Gespür für die Gefahr, die da lauert. Trinke ich auf schweißtreibenden Etappen zu wenig, droht der Körper zu dehydrieren, es treten Krämpfe auf, und da kann es schon zu spät sein. Ich habe beim Race Across America Fahrer erlebt, die sind am Start so locker davongezogen, daß ich mein eigenes Rad am liebsten in die Ecke gestellt hätte, und zehn Stunden später waren sie aus dem Rennen, weil sie den dummen Fehler begangen hatten, in der Hitze Kaliforniens nur ab und zu einen Schluck aus der Flasche zu nehmen.

Ich mäßige also mein Tempo, schütte brav meine Mineralcocktails hinunter, die Traudl im Begleitfahrzeug zusammenrührt. Das Gebirge ist inzwischen überwunden, und die Landschaft geht immer mehr in flache Wüste über. Abgesehen von dem verrückten Lkw-Fahrer, der mich durch ein haariges Überholmanöver im Gegenverkehr zu einem Ausflug aufs unbefestigte Bankett zwang, ist alles wieder einigermaßen im Lot. Mit der Hitze muß ich leben. Etwa vier Stunden noch, dann sind wir am Nil, und ich beginne mir auszumalen, wie es dort aussieht: die weißen Segel der Flußkähne, der grüne Ufersaum, Palmen vor steilen Sanddünen, die kolossalen Statuen der Pharaonen – was man aus Prospekten eben so kennt.

45

Sandmännchens Sturm und Drang

Filmriß. Am Ortseingang von Quena hat die Träumerei ein jähes Ende – Straßensperre. Es heißt, wir dürften den Ort nur mit Geleitschutz passieren, weil unser Fahrzeug ein rotes Nummernschild habe, das uns als Touristen ausweise. Nähere Erläuterungen sind von dem Wachposten nicht zu bekommen, auch keine Antwort auf die Frage, wann denn der Geleitschutz eintreffe.

Wir können uns aber ausmalen, daß wir in dem Gebiet gelandet sind, wo in den vergangenen Jahren islamische Fundamentalisten immer wieder gewaltsame Anschläge auf Ausländer verübt haben: um das vom Tourismus abhängige Land an seinem Lebensnerv zu treffen und damit die Regierung in Kairo in Mißkredit zu bringen.

Sehen und gesehen werden: Während
der Fahrt am Nil – im Hintergrund ein
Seitenarm – kommt „Leben in die
Bude".

Tour im Fernsehen gesehen haben will. Schön, dann müßte er ja
wissen, daß mir hier die Zeit durch die Finger rinnt! Man versucht
uns schließlich die unfreiwillige Pause mit dem Hinweis zu
versüßen, daß der Polizeichef von Quena persönlich den Geleitschutz übernehmen wolle. Zehn Minuten würde das noch dauern,
vielleicht zwanzig... Nach einer halben Stunde – vom Polizeichef
keine Spur – fährt endlich ein bewaffneter Trupp im Jeep vor, der
mit uns ins 60 Kilometer entfernte Luxor zuckelt.

Der Tapetenwechsel am späten Nachmittag mobilisiert neue
Energien. Wir sind jetzt mitten in der dichtbesiedelten Stromoase
des Nils, ein brutaler Kontrast zur endlosen Wüstenei, die sich
in den vergangenen Stunden wie ein Schleier über die eigene
Wahrnehmung gelegt hat. Jetzt kommt, salopp ausgedrückt, wieder Leben in die Bude. Eselskarren mischen sich in den Verkehr,
der Wegrand ist gesäumt von den primitiven Lehmhütten der
Fellachen, üppiges Grünzeug versperrt den Blick auf den Nil.
Die Männer, die unter den schattigen Vordächern der kleinen
Teekneipen an ihren Wasserpfeifen nuckeln, mögen sich fragen,
warum man es hier so eilig haben kann.

Luxor: Im Vorbeifahren ein respektvoller Blick auf den
monströsen, 50 Meter langen Säulengang, der zum Tempel
Amenophis III. führt. Soweit mein Kurztrip ins 2. Jahrtausend
v. Chr. An den Besuch einer nächtlichen Tempel-Show, wie ihn
sich meine Begleiter vorgenommen haben, ist nicht zu denken.
Nach zwölf Stunden Fahrt sind Kopf und Beine leer. Es reicht
am Hotelbett gerade noch für einen konzentrierten Blick ins
Routebook. 3000 Kilometer liegen hinter uns, bleiben noch –
neun-zehn-tau-send. Hat jemand einen Job im Steinbruch für
mich?

Der Nil in seiner vollen Pracht

> ### 10. April, 12.Tag

Obwohl unser Etappenziel Assuan nur 250 Kilometer entfernt ist,
bin ich schon um 5.45 Uhr morgens wieder im Sattel. Erstens ist es
um diese Zeit noch angenehm kühl, zweitens will ich am Abend
zusätzlich noch etwa 50 Kilometer weit Richtung Abu Simbel vor-
ankommen und mich dann wieder ins Hotel zurückfahren lassen.

47

Wir kramen unser Empfehlungsschreiben der ägyptischen
Botschaft hervor, und der Wachmann holt sich schließlich über
Funk das o.k., uns durchzulassen. Weit kommen wir aber trotz-
dem nicht, am anderen Ende von Quena stellt sich abermals ein
Polizist in den Weg. Wieder Erklärungsversuche, die aber nichts
fruchten, obwohl der Ordnungshüter einen Bericht über unsere

Die Morgenstunden sind in der Regel der effektivste Teil einer Etappe. Es dauert zwar etwa eine halbe Stunde, bis der Tritt einigermaßen rund ist, bis sich die Druckstellen an Gesäß, Ellbogen und Handballen aus dem Bewußtsein verabschiedet haben. Dann aber geht's meist flott voran. Ich muß diese Phase auch optimal nutzen, denn die Hitze, die sich in Ägypten am späten Vormittag einstellt, drückt den Schnitt schnell wieder auf nicht viel mehr als 20 Stundenkilometer.

Mit den ersten Sonnenstrahlen erscheint meist auch die Foto- und Filmcrew zur Arbeit. Ihr Auto kommt längsseits, die Seitenfenster gehen herunter, ich blicke in zwei Objektive. Erst Foto – klick, klick, klick, dann Film: Kamera ab, Ton läuft: „Na, wie geht's uns denn heute?" So etwas frage ich zuhause meinen Nachbarn, wenn wir donnerstags früh gemeinsam unsere Mülltonnen auf die Straße hieven! Die Qualität der Fragestellung ist morgens um sechs nicht berauschend, mit den Antworten verhält es sich kaum anders. Ich beschreibe mein Befinden wenig aussagekräftig als „ganz gut" und will wissen, wie's denn gestern in der Tempel-Show gewesen sei. „Eigentlich spannend", meint Christopher, „aber irgendwann bin ich auf der Tribüne eingenickt". Sagt's und gähnt mich an. Wenn dann meine Kräfte später am Tag nachlassen, werden umgekehrt die Kameraleute hyperaktiv...

Heute ist unser Rhythmus aber gleichgeschaltet, denn die Fahrt über Idfu und Kom Ombo nach Assuan bietet reichlich Ablenkung und Motive. Endlich ist vom Rad aus auch der Nil in seiner vollen Pracht zu bewundern. Noch besser der Blick aus unseren Zimmern im Cataract Hotel: ein traumhaftes Panorama mit Segelschiffen, Ausflugsdampfern, Hafenpromenade, Ausgrabungsstätten, Sanddünen, Palmen... Mir fällt dazu die sympathische Begrüßungsfloskel der Einheimischen ein, die man am besten in Lautschrift wiedergibt: „Wellkamm tu Iitschipt!"

Nach einer kurzen Verschnaufpause und Kleiderwechsel bin ich wieder am Rad, um von der harten Etappe des nächsten Tages noch etwa 50 Kilometer wegzufeilen. Über den mächtigen Assuan-Staudamm geht es hinaus in die Wüste. Dort herrscht auch in der Dämmerung noch drückende Schwüle, was meine Motivation nicht beflügelt. Eben erst geduscht und schon wieder dieser gemeine salzige Appetizer-Geschmack auf der Zunge – Abendessen gibt's doch erst in zwei Stunden!

Bei Kilometer 20 geht das Nachsitzen unverhofft früh zu Ende – wieder eine Straßensperre. Diesmal sind wir gleich von einem ganzen Rudel Wachhabender umringt, die – teils in Uniform, teils in Zivil – alle wichtigtuerisch auf uns einreden. Wie hatte doch unser anfänglicher Begleiter Michel Rauch seine Landsleute charakterisiert: „In jedem Ägypter steckt ein kleiner Polizist." Wir reimen uns zusammen, daß die Wüstenstraße über Nacht gesperrt, ab vier Uhr morgens mit Geleitschutz aber wieder befahrbar ist. Eine Eskorte über 250 Radkilometer – das gibt Ärger. Wir präparieren die Umstehenden vorbeugend mit Autogrammkarten und Kugelschreibern, und sieh da, das Gesicht des dicklichen Oberwachtmeisters im etwas verwahrlosten grün-beigen Ornat erhellt sich zusehends. Ob er verstanden hat, daß ich auf dem Rad nach Abu Simbel will? Mit einem ungutem Gefühl ziehen wir ab.

Sandmännchens Sturm und Drang

Aufbäumen bei 55 Grad Hitze.

Kleine Frevel, große Strafe

➡ 11. April, 13.Tag

Um 3.30 Uhr ist die Nacht vorbei, eine halbe Stunde später Wiedersehen mit dem Wachpersonal in der Wüste. Der beleibte Befehlshabende hat sich offenbar gerade erst von seinem Nachtlager im Bretterverschlag erhoben, wankt schlaftrunken vorbei, ohne uns eines Blickes zu würdigen, und verschwindet zur Morgentoilette hinter die Büsche. Ich bin bereits startklar und trotz der kurzen Nacht eigentlich gut erholt. Die Aussicht, um sechs Uhr abends bereits im Flieger zurück nach Kairo zu sitzen und einen Tag später in Bangkok zu landen, mobilisiert Kräfte.

Der Grünrock kommt deutlich standfester aus den Büschen zurück. „Vier Uhr, Meister, können wir fahren?" Natürlich nicht. Der Geleitschutz läßt auf sich warten. Inzwischen hat sich hinter uns schon eine ganze Armada von Touristenbussen eingereiht. Der Lärm der laufenden Motoren und Klimaanlagen erinnert mitten in der Wüste an die Geräuschkulisse des Port Authority Bus Terminal, Downtown Manhattan. Um fünf Uhr – schon eine Stunde verloren! – können wir endlich los. Auf den ersten Kilometern im Morgengrauen jagen mindestens 50 Busse an mir vorbei – eine unheimliche Begegnung mit der bequemen Art zu reisen. Als der Spuk vorüber ist, kreuzt die Eskorte auf. Ich könnte hier unter keinen Umständen mit dem Rad fahren, sagt ihr englisch sprechender Anführer, er habe die Verantwortung, alle Touristen sicher nach Abu Simbel zu bringen. Ja, bin ich denn ein Tourist? Wieder beginnt das Spiel mit dem Empfehlungsschreiben, den Autogrammkarten und den Aufklebern. Er bleibt stur, wir sind es auch. Irgendwann geht mir das Hin und Her auf den Geist, ich klinke mich in die Pedale ein und fahr los. Kurz höre ich noch, wie das Stimmengewirr zum Geschrei anschwillt, dann sind da nur noch das Kettengeräusch und der Fahrtwind. Ein paar Minuten später donnert die Eskorte hupend an mir vorbei. Das Problem hat sich offenbar gelöst.

Während der ersten vier Stunden im Sattel zerstreuen sich alle Zweifel, ich könnte hier Probleme bekommen, mein Etappenziel rechtzeitig zu erreichen. Der leichte Seitenwind stellt kein Hindernis dar, wirkt sogar etwas kühlend, und die Mondlandschaft, durch die wir inzwischen mutterseelenallein fahren, ist sowieso

**Noch 200 Kilometer ... zu den Felsentempeln
von Abu Simbel. Normalerweise fahren auf
dieser Strecke nur Touristenbusse.**

mein Fall. Wenn sich die Umgebung auf wenige Elemente reduziert – hier sind es Sand, Steine und sporadisch Felsmassive – bleibt im Kopf umso mehr Platz, zu träumen oder Ideen zu schmieden. Der erste Einfall läßt nicht lange auf sich warten. „Wir könnten doch an den Felsentempeln noch eine Aufnahme-Session einlegen", schlage ich vor. „Wenn ich mein Tempo halten kann, bin ich zwei Stunden früher in Abu Simbel als geplant." Alle sind begeistert. Wir haben die Rechnung aber ohne die Götter der Alten Ägypter gemacht, die kleine Frevel sofort bestrafen. Nein, das ginge nun wirklich zu weit, ein radelnder Germane, der sich mit Plastikhelm und bunten Aufklebern zu Füßen Ramses II. wichtig macht! Wozu hat man denn einst für viel Geld die Tempel vor dem Untergang im Nasser-Stausee bewahrt, doch nicht, um davor ein PR-Quickie zu veranstalten!

Geschichte einer Bestrafung: Binnen 60 Minuten wird es fast unerträglich heiß, der Wind schwillt in Böen auf Sturmstärke an. Mir fliegt der Sand nur so um die Ohren, nach vorne kann ich streckenweise überhaupt nichts mehr sehen. Nein, kein kurzes Intermezzo, es scheint immer noch heißer zu werden, und die Intervalle zwischen den heftigen Böen verkürzen sich zusehends. Ich kann vielleicht eine halbe Stunde unter diesen Bedingungen fahren, dann ist der Akku leer. Wenn der aufgewirbelte Sand über

die Straße fegt, spüre ich manchmal gar nicht mehr, ob ich noch fahre oder schon stehe.

Um zur Trinkflasche greifen zu können, muß ich die kurzen Pausen zwischen den Windstößen abwarten. Sich den Frust von der Seele zu schreien, bringt auch nichts – ich hätte den Mund sofort voller Sand. Die Aussicht, Abu Simbel mit dem Rad rechtzeitig oder überhaupt zu erreichen, ist bei diesen Verhältnissen gleich null. Der Gedanke quält mich zusätzlich, denn eigentlich will ich nicht absteigen, sondern jeden Kilometer fahren, wie wir ihn geplant haben. Und der Flieger wartet bestimmt nicht auf uns ...

Während einer kurzen Pause, in der sich das Wetter auch nicht bessert, beschließen wir einen Kompromiß: Das Begleitfahrzeug gibt mir auf der windzugewandten Seite Flankenschutz. Das ist, wie sich in der Praxis herausstellt, immer noch schwer genug. Gerate ich auch nur ein Stückchen außerhalb des rollenden Schutzschilds, drückt mich der Wind gleich zwei, drei Meter nach links, und ich muß mich mühsam wieder herankämpfen. Meine Unterarme sind inzwischen sandverkrustet, die Innenseiten meiner Radhose verwandeln sich langsam aber sicher in Schleifpapier, Körnung 80. Oli mißt die Temperatur im Fahrtwind: 55 Grad Celsius. Es ist zum aus-der-Haut-fahren.

51

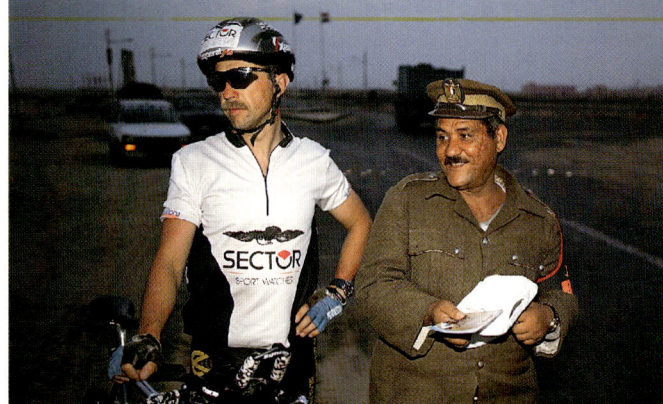

Seite 52/53:

Im stürmischen Seitenwind auf der Fahrt nach Abu Simbel war nur mit Flankenschutz an ein Fortkommen zu denken.

Links: Kleine Geschenke machen den Wachtmeister glücklich und den Weg frei – vielleicht.

Mitte: Ägyptische Tischrunde: Alle Zeit der Welt.

Unten: „In 80 Tagen um die Welt?" Man steht bequem und wundert sich.

Das Gefühl für mein Tempo habe ich längst verloren, die Tachoanzeige steht auf „Off"; will gar nicht wissen, wie langsam ich hier herumgurke. Ich muß mich nur so weit im Griff haben, daß die Beine nicht aufhören zu kurbeln. Leichter gesagt als getan. Die Versuchung abzusteigen, ist immer da, besonders wenn es andere vormachen. Als der Wind kurz nachläßt, erkenne ich eine Kamelherde, die sich im Wüstensand niedergelassen hat. Eben: Bei diesem Wetter bewegt man sich nicht. Um solche Gedanken aus meinem Kopf zu bringen, gehe ich immer wieder aus dem Sattel, fahre 50, 60 Meter im Wiegetritt.

54

Oli hat endlich gute Nachrichten. Auf den letzten 30 Kilometern hat sich mein Schnitt bei immerhin 18 Stundenkilometern eingependelt. Wenn ich das Tempo noch zwei Stunden halten kann, sind wir etwa 45 Minuten vor Abflug am Airport. Eine Gratwanderung: Rein körperlich ist es zu schaffen, wenn ich meine

Kleine Ballast-Revolution bei Safarana.

Reserven angreife. Auf die Gesamtdistanz gesehen, könnte sich das aber bitter rächen. Viel hängt davon ab, wie gut ich mich auf dem Flug nach Bangkok regenerieren kann...

Ich gehe das Risiko ein und fahre auf den letzten 35 Kilometern konstant um die 20. Mein Puls ist zu schnell, mit jedem Tritt zehrt der Körper von der eigenen Substanz. Weil die Witterung aber auch keinen Deut besser wird, muß es jetzt einmal mit voller Lautstärke hinaus: „Wann läßt dieser verteufelte Wind endlich nach!" Zähneknirschende Einsicht: Den Rufer in der Wüste hört man nicht.

Am Ende ist es kein Sieg über die Natur, die hat mich hier nur geduldet. In Abu Simbel anzukommen, war, wenn schon, ein Sieg über den eigenen inneren Schweinehund, ein psychologischer Markstein auf dem Weg nach Berlin. Solange ich auf zwei Rädern

unterwegs bin, mußte ich mich selten so überwinden. Ach ja: Den strammen Luftzug, dem ich da ausgesetzt war, haben natürlich nicht die Götter geschickt. Es war der Kamsin, ein Wüstenwind, der dort unten öfter Sand aufwirbelt.

Ich bin zwar eine Stunde vor Abflug eingetroffen, aber trotzdem hat die Maschine Verspätung. Schuld sind Christopher und sein Fläschchen Rotwein. Weil sich bei der Abfertigung nicht klären läßt, ob die Spirituose handgepäcktauglich ist, steht der Flieger mit laufenden Triebwerken mindestens zehn Minuten still auf der Piste. Alle Passagiere sind an Bord, nur Christopher wartet am Fuß der Gangway. Schließlich kommt der überforderte Kontrolleur mit dem gläsernen Objekt in die Maschine, der Flugkapitän höchstpersönlich soll den kniffligen Fall entscheiden. 125 ml Chianti am Himmel über Ägypten, darf das sein? Es darf. Na also.

Sandmännchens Sturm und Drang

Asiatische *Wechselbäder*

Zur Etappe Bangkok – Singapur

→ **12. April, 14. Tag**

Flug Kairo-Bangkok. Zeit, die vergangenen zwei Wochen, die ersten 3500 Kilometer Revue passieren zu lassen. Es kommt mir vor, als hätte sich alles in einem viel kleineren Intervall abgespielt. Der tägliche Ortswechsel verdichtet die Kontraste, und das lange Radfahren verkürzt nach meinem Empfinden die Distanzen. Wenn ich die Strecken Berlin-Rom und Tel Aviv-Abu Simbel auf dem Luftweg zurücklegen würde und stundenlang untätig im Flieger sitzen müßte, dann hätte ich wahrscheinlich das Gefühl, zwischen dem Herzen Europas und dem Süden Ägyptens liegen Welten. Gelingt es mir aber, die gleichen Ziele binnen 14 Tagen aus eigener Kraft mit dem Rad zu erreichen, rücken Berlin und Abu Simbel einfach viel näher zusammen. Vielleicht entsteht der Eindruck auch dadurch, daß bisher alles relativ reibungslos geklappt hat.

Bangkok
Hua Hin
Lang Suan
Phatthalung
Butterworth
Klang
Melaka
Singapur

Die Crew arbeitet großartig, und das Beinahe-Waterloo auf der letzten Etappe habe ich – mental wenigstens – schon wieder weggesteckt.

Willkommen in der Sauna

→ **13. April, 15. Tag**

Es ist ein Uhr morgens, als unsere Maschine auf dem Flughafen Bangkok aufsetzt. Ich bin hundemüde. Die Aussicht, in zwei Stunden schon wieder im Sattel sitzen zu müssen, ist ernüchternd und die Vorfreude auf die neue Umgebung verloren. Am Ausgang wartet Heiner Uhlmann, der das „Unternehmen Thailand" vorbereitet hat. Die überschwengliche Begrüßung garniert Heiner gleich mit der ganzen niederschmetternden Wahrheit: „Bei der feuchten Hitze hier", sagt er, „da haut's Dir am Rad den Vogel raus!" Na, prima. Man muß nicht einmal strampeln, um ordentlich ins Schwitzen zu kommen. Als wir in der Tiefgarage unsere neuen Fahrzeuge beladen, rinnt der Schweiß bereits in Bächen.

Während der halbstündigen Autofahrt zum Stadtrand fallen mir immer wieder die Augen zu, aber Heiners lebhafte Erzählungen verhindern, daß ich ganz einschlafe. Eine wahre Odyssee sei das gewesen, erfahren wir, mein per Luftfracht verschicktes, neues Rad in Bangkok aufzustöbern. Drei Thais habe er nach dem Weg zum Speditionsbüro gefragt und dreimal sei er dann prompt falsch gewesen. „Die lächeln Dich an und deuten so bestimmt in eine Richtung, daß Du meinst, die wissen genau, wo's langgeht." Endlich doch am Ziel, habe ein Papierkrieg begonnen, der deutsche Behördenwege wie die reinste Expreß-Abfertigung aussehen läßt: ein halbes Dutzend Stempel, natürlich aus verschiedenen Abteilungen in verschiedenen Stockwerken; mit dem Durchschlag des Lieferscheins ab in den Keller und dort – welch Wunder – ein Mensch mit Durchblick: „Der Lagerist, der hat des Rad sofort parat g'habt – ich war platt."

Der Parkplatz einer Tankstelle bei Samut Sakhon wird zum Startpunkt der ersten Etappe gekürt. Während ich in meine

Bangkok	Hua Hin	Lang Suan	Phatthalung	Butterworth	Klang	Melaka	Singapur
184 km	335 km	342 km	303 km	392 km	211 km	251km	

Arbeitskleidung schlüpfe, entflammt Traudl am Asphalt den Gaskocher und wärmt noch schnell eine Fertigmahlzeit auf. Fünf Jungs in Tankstellen-Uniform und die Kassiererin vom Supermarkt nebenan sind die einzigen Zeugen unserer Startvorbereitungen. Die Stimmung in der Crew ist gereizt, denn alle – außer Heiner – sind mindestens ebenso müde wie ich. Um 3.45 Uhr die ersten Radmeter auf thailändischem Boden. Ein bißchen trostlos ist unser Aufbruch ins „Land des Lächelns" schon geraten.

Mein erstes Pensum ist – mit Rücksicht auf die Zeitumstellung – nicht allzu groß. Bis zum Tagesziel Hua Hin an der Ostküste sind es nur 184 Kilometer. In der Dunkelheit versuche ich mich langsam an die neuen Bedingungen zu gewöhnen. Es regnet leicht, die Luft riecht nach Salzhering. Auffallend der dichte Verkehr, der schon in den frühen Morgenstunden herrscht. Als die Sonne aufgegangen ist, wird es auf dem Rad zunehmend unangenehm. In der warmen, dampfigen Luft atmet es sich irgendwie schwerer, vielleicht bessert sich das mit fortschreitender Akklimatisierung. Ich bin jedenfalls heilfroh, als wir gegen 11.30 Uhr unser Hotel am Strand erreichen. Nach der Anstrengung ist die Schwüle im Stehen kaum auszuhalten, ich flüchte mich so schnell es geht ins klimatisierte Zimmer. Duschen, Bettruhe. Erst am Abend wage ich mich wieder aus meiner Festung, lasse mir am Strand unter Palmen eine Massage geben. Während die Thaifrau sich meiner verspannten Rückenmuskulatur annimmt, werfe ich einen Blick über's Urlauberparadies. Reglose Körper in Liegestühlen, planschende Kinder, ein Katamaran, der über die Wellen tanzt. Könnte es vielleicht sein, daß Thailand dem Müßiggänger eher entgegenkommt als dem Radsportler? Noch will ich nicht daran glauben.

Wasser marsch!

14. April, 16. Tag

Aufbruch um vier Uhr früh. Ich will möglichst viel von dieser 335-Kilometer-Etappe hinter mir haben, ehe die Sonne die palmengrüne Umgebung wieder zu einer Dampfsauna macht. Meine Befürchtung ist diesmal aber unbegründet, denn es bleibt den ganzen Tag über bewölkt und regnerisch. Streckenweise schüttet es sogar heftig. Ich wechsle lieber häufiger das Trikot, als mir das Regencape überzuziehen – darunter wäre es viel zu warm. Beim

Radfahren ist die Nässe im Vergleich zur stechenden Sonne zwar das geringere Übel, verschärft aber ein anderes Problem: den chaotischen Verkehr. Brauchbare Nebenstrecken sind auf unserer Route praktisch nicht vorhanden, also muß ich dort radeln, wo alle fahren. Und da die Thais hinter dem Steuer den Ägyptern artverwandt sind, sitzt mir immer die Angst im Nacken, mich könnte ein Auto vom Sattel holen. Auf regennasser Fahrbahn ist dieses Gefühl besonders präsent.

Es schüttet heute aber nicht nur von oben, sondern auch von der Seite. Am 14. April feiern die Buddhisten Neujahr, und da ist es Brauch, mit gefüllten Wassereimern aufeinander loszugehen und sich gegenseitig Kalk ins Gesicht zu schmieren. Ab und zu bekomme auch ich einen Schwall ins Genick, bei Ortsdurchfahrten, oder wenn mich ein Kleinlaster überholt, auf dessen Ladefläche gerade eine Neujahrsparty läuft. Die Fröhlichkeit der Thais ist wirklich sprichwörtlich, gerade an einem solchen Tag. Ich würde mich davon ja gerne anstecken lassen, aber mir ist einfach nicht zum Feiern zumute. Der starke Verkehr und die nasse Straße fordern ständig meine volle Konzentration. Nein, Thailands Hauptverkehrsadern sind nicht für Radfahrer gemacht.

Nach zehn Stunden im Sattel ist die Lust am Strampeln ziemlich dahin. Schuhe, Handschuhe, Klamotten – alles feucht, meine Beine schwer wie ein vollgesaugter Schwamm. Die mächtige Buddha-Figur, die über den Palmen am Straßenrand thront, verkörpert die Botschaft: Ruhe bewahren! Mit der Empfehlung läßt es sich für den Rest der Strecke einigermaßen leben.

Am Ortsrand von Lang Suan, unserem Etappenziel, steige ich um ins Begleitfahrzeug. Keinen Nerv mehr für den Stadtverkehr, 13 Stunden Fahrt sind genug. Damit bringe ich aber die Foto- und Filmcrew in Rage, die in Lang Suan, mitten im feuchtfröhlichen Neujahrstreiben, auf meine Vorbeifahrt wartet. Weil ich im Auto ankomme, sind die erhofften Aufnahmen vom begossenen Hubert dahin. „Kannst Du für die Kamera nicht nochmal aufs Rad?" „Nein, zu kaputt." Es ist die traurige Wahrheit, aber man glaubt's mir nicht so recht. Der Tag endet im Streit.

Eine gar vorzügliche Küche

 15. April, 17. Tag

Schlecht geschlafen, trotzdem pünktlich um vier Uhr wieder am Rad. Nach drei Stunden eine kleine Routenänderung: Wir machen einen Abstecher zum Tempel von Chaiya – versöhnliche Geste für die Kameraleute, und mir tut ein bißchen optische Abwechslung, ehrlich gesagt, auch ganz gut. Es macht ja keinen Sinn, wenn ich am Rad zum Autisten mutiere und angesichts der schwülen Hitze alles um mich herum zu verdrängen versuche. Augen zu und durch – nein, dann könnte ich genausogut in den Keller gehen und auf dem Hometrainer mein Pensum herunterstrampeln. Die Crew ist ganz verblüfft, als ich zur Mittagszeit – 200 Kilometer sind schon geschafft – die nächste Programmänderung vorschlage: Essenspause in einer Garküche. Bisher habe ich mich weitgehend an die mitgebrachte Fertignahrung gehalten, vor allem um keine Probleme mit dem Magen zu riskieren. In Thailand ist diese Furcht wegen der Art der Zubereitung (das meiste ist gargekocht) eigentlich unbegründet, nur von rohem Gemüse muß ich die Finger lassen. Nach einer Garküche braucht man nicht lange zu suchen – die gibt es wie Sand am Meer. Das Ambiente ist einmalig: ein paar überdachte Holztische, gleich daneben die Kochstelle mit mindestens einem Dutzend gefüllter Töpfe, der persönliche Augenschein ersetzt die Speisekarte. Reis, Nudeln, Huhn, Schwein und Fisch von süßsauer bis chilischarf – die Kombinationen sind endlos, und es schmeckt vorzüglich.

Vom schattigen Mittagstisch wieder hinaus in die pralle Hitze. Ein Akt der Überwindung. Es dauert im Sattel mindestens eine

halbe Stunde, bis sich Kopf und Beine wieder mit ihrem Schicksal abgefunden haben und klaglos ihre Arbeit verrichten. Das Streckenprofil ist zum Glück ziemlich flach, ich kann einen konstanten Schnitt von 24 Stundenkilometern fahren. Gegen Abend wird die Landschaft interessanter. Statt baumhohem Grün nun freies Feld, vor Phatthalung, unserem Etappenziel, ragen mächtige Kreidefelsen über dem flachen Terrain auf.

Bilanz des Tages: 342 Kilometer in 14 Stunden, das kann sich unter diesen Bedingungen sehen lassen. Nur: Morgen und übermorgen stehen wieder jeweils mehr als 300 Kilometer an...

Aufgeräumtes Malaysia

➡ 16. April, 18. Tag

Die Fahrt über Rattaphum und Sadao zur Grenze nach Malaysia ist kurzweilig. Es sind viele Motorräder unterwegs, von denen mir oft gleich drei Personen freundlich zuwinken. Ein interessanter Beitrag zum Thema Nahverkehrsökonomie. Gerade erst ist die Sonne aufgegangen, und die Thais sind schon wieder so gut gelaunt wie ein Deutscher höchstens nach Feierabend. Die Stimmung überträgt sich. Als kleines Dankeschön geht während der

Oben: Zum Zuschauen verurteilt: Platter Reifen in Malaysia. Einer der wenigen Defekte auf der gesamten Tour.

Rechts: Ausgedehntes Vergnügen: Thai-Massage am Strand von Hua Hin.

Fahrt eine meiner Trinkflaschen in den Besitz zweier Thais über, die einige Kilometer lang neben mir hergeknattert sind.

Der Grenzübertritt in der Mittagshitze dauert zwei Stunden. Wir müssen wieder einmal alles Gepäck in zwei neue Fahrzeuge umladen, die Jörn in Malaysia organisiert hat. Er wird sich auch um die Autorückgabe in Thailand kümmern, dann nach Australien fliegen und in Darwin die Etappe auf dem Fünften Kontinent vorbereiten. Daß die Logistik bisher so reibungslos geklappt hat, ist keineswegs selbstverständlich. Touristengerechte Angebote gibt es jede Menge, aber in Südostasien für unsere Zwecke einen Van zu mieten, das geht nur mit viel Verhandlungsgeschick.

Die riesige Gepäckmenge, die sich in meinem Begleitfahrzeug türmt, hat diesmal auch einen unerwarteten positiven Effekt. Den malaysischen Grenzern graut offenbar davor, das ganze Zeug – streng nach Vorschrift – durchleuchten zu müssen. Wir werden durchgewunken.

Auf den ersten Kilometern in dem neuen Land wird schnell klar: Malaysia ist ganz anders als Thailand. Die Straßen haben westlichen Standard, alles wirkt aufgeräumt, die Menschen sind verschlossener. Weil in Malaysia überwiegend Moslems leben, sieht man viele Frauen mit Schleier. Eine Gemeinsamkeit freilich ist geblieben, und die erkennt man auch mit geschlossenen Augen: die feuchte Hitze. Um den Flüssigkeitsverlust unter diesen Bedingungen auszugleichen, trinke ich sechs, sieben Liter am Tag, dazu – peu à peu – eine ganze Wassermelone.

Gegenwind auf den letzten 50 Kilometern der Etappe. An den Innenseiten der Oberschenkel beginnt es unangenehm zu jucken, im Hotelzimmer in Butterworth wird dann die Bescherung sichtbar. Auf der Haut unter der Radhose haben sich rote Pusteln gebildet, die wahrscheinlich vom Schweiß herrühren, der während des langen Grenzübertritts angetrocknet ist und sich auf der Weiterfahrt verrieben hat. Obwohl Traudl die geröteten Stellen sofort behandelt, ist zu befürchten, daß mich das Problem die nächsten Tage begleiten wird. Sechs Stunden Schlaf sind einfach zu kurz, um den Juckreiz vollständig abklingen zu lassen.

Pleiten, Pech und Pannen

17. April, 19. Tag

Ein Tag voller Pleiten, Pech und Pannen. Beim Start um 4.15 Uhr gibt der Rückwärtsgang im Begleitfahrzeug seinen Geist auf, das Getriebe ließ sich von Beginn an ohnehin nur mit roher Gewalt schalten. Im Stadtzentrum sind zwei Ehrenrunden fällig, weil wir die Abzweigung nach Pokok Asam nicht finden. Der Morgen ist verregnet, es herrscht einmal mehr dichter Verkehr. Die Ortsdurchfahrten sind gesäumt von Schülern und Pendlern, die auf den Bus warten. In Thailand wäre das ein winkendes Spalier gewesen, hier rührt sich kaum eine Hand zum Gruß. Nach 100 Kilometern ereilt mich der erste Plattfuß des Rennens überhaupt. Ausgerechnet in dem Augenblick, da die Crew für 20 Minuten zum Tanken und Einkaufen verschwunden ist. Zum Glück sind die Kameraleute in der Nähe. Ich krieche in den Kofferraum ihres Volvo und lasse die Beine über der Stoßstange baumeln. Die Radfahrer mit den aufgespannten Regenschirmen, die ich zuvor reihenweise überholt hatte, rollen jetzt gemächlich an mir vorbei. Mich wundert, daß ich trotz der unfreiwilligen Pause so ruhig bleibe. Das zehn Stunden entfernte Tagesziel muß sich in der Gischt der vorbeidonnernden Lkw verflüchtigt haben.

Links:
Kurzer Abstecher zum Tempel
von Chaiya.

Rechts:
Im schwül-heißen Klima signalisiert
die Buddha-Figur dem Radfahrer:
Ruhe bewahren!

Seit der Mittagszeit wechseln sich Regen und Sonnenschein ab. Es kommt mir vor, als wäre ich im Topf einer malaysischen Garküche gelandet: dünsten, braten, ablöschen, dünsten, braten, ablöschen... Es gibt Ente Schwarz, stocksauer. Fast hätte ich die Würze vergessen: den Juckreiz an den Oberschenkeln. Ich rette mich mit Gedanken an Australien, wo wir in vier Tagen landen werden. Ein Terrain, das mir vertraut ist, von dem ich wenigstens weiß, was mich dort erwartet.

Vor Ipoh steht die Fotocrew am Straßenrand, nicht hinter Objektiven verschanzt, sondern wild gestikulierend. Ihr gestern gemieteter Volvo macht keinen Muckser mehr, offenbar ein Problem mit der Wegfahrsperre. Heute scheint alles schiefzulaufen. Acht Stunden später, kurz vor dem geplanten Etappenziel Sekinchan, tauchen Chris, Christopher und Jörg wieder auf – mit einem neuen Mietfahrzeug. Aus der Rückschau muß ich sagen, sie hätten sich ruhig eine Stunde länger Zeit lassen können. Dann wäre ich nämlich bestimmt nicht ihrem Rat gefolgt, an diesem Abend noch 70 Kilometer dranzuhängen. „Das Quartier in Sekinchan kannst vergessen, direkt an der Straße, viel zu laut, keine richtige Dusche", bekomme ich über Funk vom Vorauskommando zu hören. Also gut, auf nach Klang, einer Hafenstadt an der West-küste. Prompt beginnt es wieder zu regnen, und mit dem Nieder-schlag wird auch der Verkehr immer dichter. Die Tropfen auf der Radbrille machen die Lichter der entgegenkommenden Autoko-lonne zum permanenten Zerrbild. Nach vorne schauen, heißt geblendet werden. Heiner muß am Steuer des Begleitfahrzeugs Schwerstarbeit leisten, ständig die Rückspiegel kontrollieren, gleichzeitig mich im Auge behalten und immer wieder auf's unbe-festigte Bankett ausweichen, wenn von hinten Autos angeschossen kommen. Mit einem Radfahrer rechnet um diese Zeit niemand, weshalb ich mir als rollendes Hindernis ein stundenlanges Hup-konzert anhören muß. Zu allem Überfluß haben wir auch noch vergessen, den Spritzschutz am Rad zu montieren. Das hat den netten Effekt, daß mir der Hinterreifen ständig eine Wasserfon-täne ins Genick wirbelt. Von dort rinnt das Naß, angereichert mit Straßendreck, den Rücken hinunter und verteilt die Partikel in der Radhose. E-kel-haft.

Um 22.10 Uhr ist der Stadtrand von Klang erreicht und der Spuk vorüber. Heiner kommentiert die vergangenen drei Stunden mit den Worten: „So was is nix mehr für mich, da müssen Jüngere ran." Noch eine geschlagene Stunde Autofahrt im Großstadtver-kehr, dann sind wir endlich im Quartier. Die auf 392 Kilometer verlängerte Tagesetappe wäre sogar ein kleiner Grund zum Feiern gewesen. Ich habe jetzt genau 5056 Kilometer hinter mir – ein Viertel der Gesamtdistanz.

Asiatische Wechselbäder

Unten:
An der Grenze zu Malaysia heißt es
Abschiednehmen von den fröhlichen
Gesichtern Thailands.

Rechts:
Palmenpracht nördlich von Port Dickson.

→ 18. April, 20. Tag

Aufbruch erst um 6.40 Uhr. Die Entfernung zum Tagesziel
Melaka hat sich durch die gestrige Gewalttour auf 211 Kilometer
verkürzt. Die vergleichsweise lockere Etappe über Port Dickson
tut Kopf und Körper gut. Endlich sind wir auch einmal auf Neben-
straßen unterwegs, wo wenig Verkehr ist, dafür aber eine Affen-
familie meinen Weg kreuzt. Der kulinarische Höhepunkt fällt auf
den Abend: Weil wir keine Lebensmittelvorräte nach Australien
einführen dürfen, geht es den Konserven im Hotelzimmer an den
Kragen: Büchsenfleisch für alle!

Das sauberste Etappenziel

→ 19.April, 21. Tag

Die letzte Etappe in Asien: 251 Kilometer lang, Ziel Singapur. Das
Aufstehen fällt leichter als die Tage zuvor, kein Wunder, wenn man
das Licht am Ende des Tunnels sieht. Noch zehn, zwölf Stunden
im Sattel, und der siebentägige Saunagang ist beendet! Da krieg

ich vor Freude fast eine Gänsehaut. Die Fahrt durchs Landesinnere nach Singapur ist aber alles andere als ein Honigschlecken.
Über den Sümpfen beiderseits der Straße liegt ein Schwüle, die
mir tatsächlich – um an Heiners Prophezeiung vom 13. April zu
erinnern – „den Vogel raushaut". Die bergige Strecke tut ein übriges, daß mein Schnitt über 20 Stundenkilometer nicht hinaus-
kommt. Die Beine machen kaum Druck auf die Pedale, weil der
Kopf zu müde ist, der Muskulatur auch mal Saures zu geben.
Selbst der Wiegetritt kann mich nicht aus dieser Lethargie reißen.
Ich gehe für drei, vier Umdrehungen aus dem Sattel und lasse den
Bock dann einfach rollen. Das bringt nichts. Eine Gewitterfront
samt Wolkenbruch beendet schließlich das Trauerspiel, ich
verkrieche mich zu einer halbstündigen Pause ins Wohnmobil.
Danach geht es besser. Die Luft ist kühler geworden, und Singapur kann ich fast schon „riechen". Zur Grenze hin verdichtet
sich der Verkehr wieder auf Chaos-Niveau. Da die Ruhe zu
bewahren, ist jetzt bloß noch Routine.

Singapur, der Stadtstaat mit dem Reinlichkeitsfimmel: Es
grünt und blüht – fein säuberlich zurechtgestutzt – an jeder Ecke,

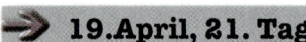

Oben:
Malaysisch Roulette: Fahrt im Schwerlast-
verkehr auf nasser Strecke.

Unten:
Ein Beitrag zur Nahverkehrsökonomie.

Rechts:
Singapur aus der Froschperspektive:
eine blitzsaubere Angelegenheit.

Rad extrem

die Hochhausfassaden funkeln und man könnte hier überall vom
Boden essen – alles ein bißchen zu antiseptisch für meinen
Geschmack. Mein Drahtesel und ich im verschwitzten Trikot, wir
passen auch nicht besonders gut in diese Schlips-und-Kragen-
Metropole.

66   Um 17.10 Uhr ist die 80-Tage-Chronik um ein ganzes Kapitel
reicher: An der Hotelauffahrt in der Orchard Road geht meine
2018 Kilometer lange Asien-Etappe zu Ende. Ich spüre unglaubliche Erleichterung; Gratulationen von der Crew, die ich nur
zurückgeben kann. Vor allem Traudls Einsatz ist bewundernswert:

Links:
Oben: Plausch mit einheimischen Radlern.
Wie kann man bei dieser Hitze nur lang-
ärmelig fahren?

Unten: Runter von der Straße! Singapurs
Polizei sorgt für Ordnung und erzeugt dabei
ein kleines Verkehrschaos.

Rechts:
Der Schlaf des Gestreßten:
Nach der 400-Kilometer-Etappe von
Butterworth nach Klang.

Unten: Die Thais riskieren am Steuer gerne
etwas – nicht immer mit Erfolg.

Sie steht vor mir auf, geht nach mir zu Bett, kocht, versorgt mich aus dem Fahrzeug, massiert und hat auch noch die medizinische Betreuung am Hals.

Erstmals seit langem habe ich es an einem Etappenziel nicht eilig, ins Zimmer zu kommen. Ich streife die Radschuhe ab, setze mich vor dem Portal auf einen Gepäckwagen und strecke die Füße aus. Eine wohltuende Starre. Selbst mit dem kleinen Abstand betrachtet, stellen sich die Ereignisse der letzten Woche schon viel versöhnlicher da. Sicher kann man niemand das Radeln auf den vielbefahrenen Routen Thailands und Malaysias weiterempfehlen, aber die Eindrücke von Land und Leuten machen für mich das Manko einigermaßen wett. Uneingeschränkt positiv ist die sportliche Bilanz. Trotz der teilweise horrenden Anstrengung, die das Fahren in der schwülen Hitze gekostet hat, konnte ich mich immer wieder gut regenerieren. Ob ich die Form auch auf den nächsten 3000 Kilometern in Australien konservieren kann, wird sehr von der Witterung dort abhängen. Gegenwind wäre von Übel... Was soll's – ich freue mich schon auf das Land „down under".

→ 20. April, 22. Tag

Ein Tag zum Ausspannen. Auf Einladung der deutschen Botschaft bin ich bei einer Einrichtung Sehbehinderter zu Gast, die auf dem Rücksitz von Tandem-Rädern mit ihren Betreuern zu einer Tour starten.

Am Abend Aufbruch zum Flughafen, um 22.30 Uhr sitzen wir im Flieger nach Darwin.

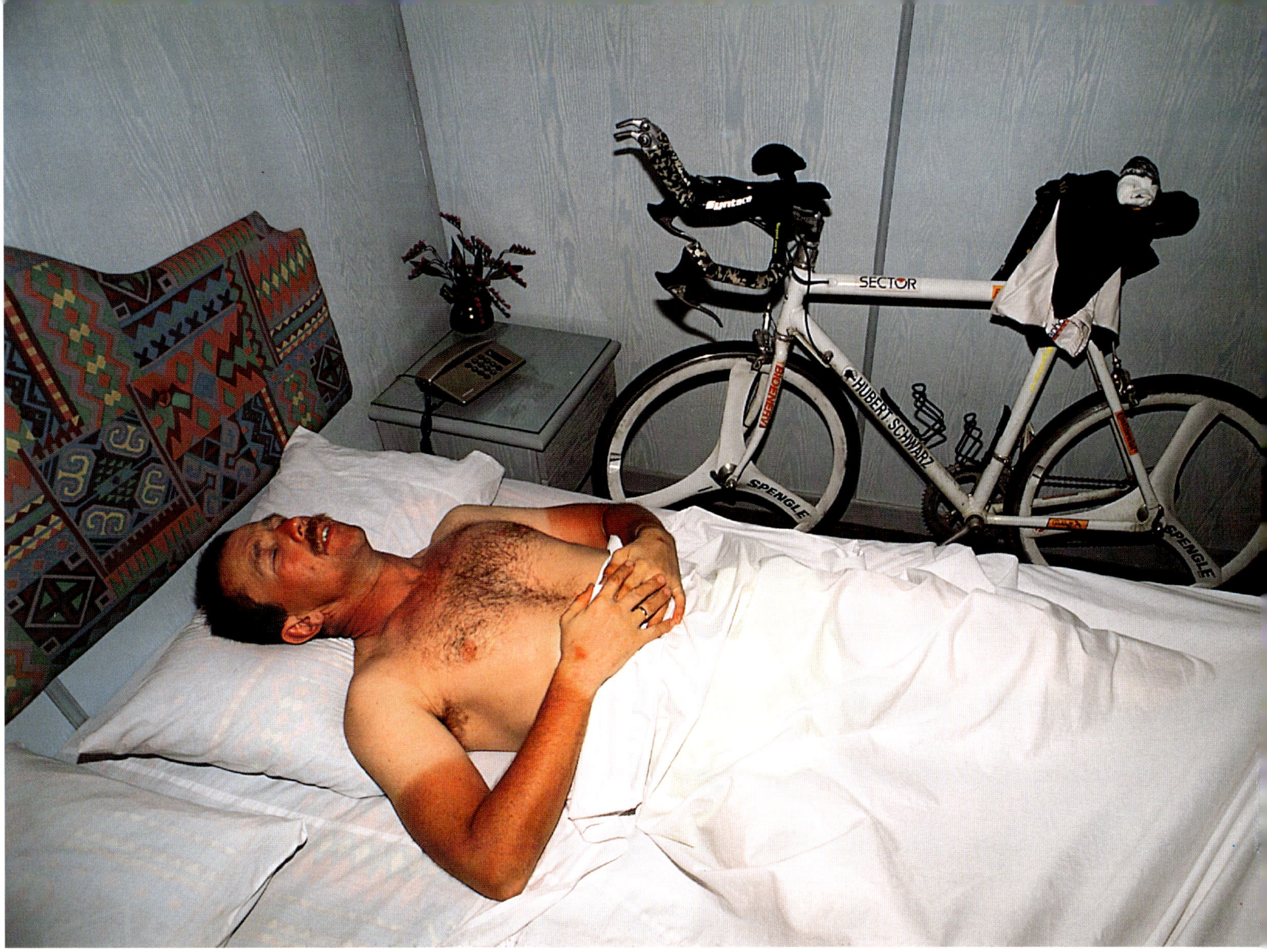

Asiatische Wechselbäder

Down under heißt ganz unten

Zur Etappe Darwin – Adelaide

Alptraum der Aborigines

→ 21. April, 23. Tag

Im Flieger nicht viel geschlafen; aufgeregt, wieder nach Australien zu kommen. Der Fünfte Kontinent war bisher immer ein gutes Pflaster für mich gewesen. 1993 die 14.000 Kilometer lange Umrundung, 1994 die West-Ost-Durchquerung von Perth nach Sydney (5000 Kilometer) – beides in Rekordzeit. Das motiviert und verpflichtet auch für die jetzt bevorstehenden 3000 Kilometer: von Darwin im tropischen Norden über Alice Springs im trockenheißen, wüstenähnlichen Outback bis in's um diese Zeit kühlere Adelaide am Indischen Ozean.

Jörn holt uns um drei Uhr früh am Flughafen ab. Er hat gleich eine Anekdote parat, die wieder einmal belegt, daß es bei der Organisation nicht minder abenteuerlich zugeht wie auf dem Rad. Jörn sollte ja die Autorückgabe in Thailand regeln, war aber

gleich im Niemandsland an der Grenze zu Malaysia ohne Benzin liegengeblieben. Der mühsam – per Anhalter – organisierte Sprit aus dem Ersatzkanister entpuppte sich nach wenigen hundert Metern als Diesel-Kraftstoff. Wieder Stillstand, wieder Daumen raus, um Hilfe zu holen. Nur mit viel Geld ließ sich schließlich der Mechaniker einer Hinterhof-Werkstatt dazu bewegen, seinen Joint auszudrücken, sein Öl-patiniertes Refugium zu verlassen und unser Auto flottzumachen. Damit nicht genug: An der thailändischen Grenzkontrolle erwischte Jörn vor lauter Aufregung die falsche Spur, wurde durchgewunken und bewegte sich fortan als Tourist ohne Einreisestempel. Das Mißgeschick stellte sich aber erst heraus, als Jörn für den Flug nach Australien einchecken wollte. „Ohne Stempel keine Ausreise", hieß es. Die strengen Behörden zeigten sich schließlich doch kulant, was nicht zuletzt an der saftigen Gebühr lag, die Jörn zu zahlen bereit war.

Am Start in Darwin klappt dafür alles wie am Schnürchen. Wir beladen unsere neuen Fahrzeuge, zwei Campervans, und um 4.15 Uhr sitze ich schon wieder im Sattel. Meine Crew ist auf vier Personen geschrumpft: Traudl und Jörn im Begleitfahrzeug, mit der Kamera sind nur noch Christopher und Jörg dabei. Ihr Kollege Chris Alge ist von Singapur nach Rio de Janeiro geflogen, um von dort mit Oli zwei Fahrzeuge nach Montevideo zu bringen, dem Startpunkt meiner Südamerika-Etappe.

Auf dem Rad fühle ich mich im Moment großartig. Gerade erst ist die Sonne über den Horizont gekrochen, die zierlichen Eukalyptus-Bäume werfen ihre langen Schatten über den Asphalt. Wolkenloser Himmel, klare Luft – welch ein Unterschied zum dampfigen Klima der vergangenen Woche. Ich bin hier zwar am anderen Ende der Welt, aber es kommt mir vor wie ein Heimspiel. Die 320 Kilometer nach Katherine, die heute auf dem Programm stehen, bin ich 1993 schon einmal gefahren. Hier im Norden ist die Besiedlung entlang des Stuart Highway noch vergleichsweise „dicht". Noonamah, Adelaide River, Hayes Creek und Pine Creek – alles Orte mit nicht mehr als einem Dutzend Häuser – verteilen sich im 50-Kilometer-Abstand auf der Route. Weiter südlich, in den Savannen des klassischen Outback, muß man

Darwin ← Katherine ← Dunmarra ← Tennant Creek ← Ti Tree ← Stuart Wells ← Marla ← Coober Pedy ← Pimba ← Snowtown ← Adelaide

| 320 km | 328 km | 362 km | 321 km | 293 km | 371 km | 300 km | 340 km | 314 km | 151 km |

manchmal schon zwei-, dreihundert Kilometer fahren, um auf eine Behausung zu stoßen. Und diese Oasen, sogenannte Roadhouses mit Tankstelle und Übernachtungsmöglichkeit, finden sich auch nur entlang des asphaltierten Highways. Die „Dirt roads", die davon abzweigen, führen buchstäblich ins Nichts. Australien ist erdgeschichtlich betrachtet der älteste Kontinent, als Nation

schöpft das Land fast nur aus der Gegenwart. Die dunkelhäutigen Ureinwohner, die Aborigines, sind hier genauso ausgegrenzt wie die Indianer in den Vereinigten Staaten. Wer daran Schuld trägt, ob die Betroffenen selber oder die weißen „Eroberer", ist für den Außenstehenden kaum zu beurteilen. Die Wahrheit liegt wahrscheinlich irgendwo in der Mitte. Niederschmetternd ist in jedem Fall das Bild, das die Aborigines – abseits vom touristischen Klimbim – aus meinem Blickwinkel abgeben. Als ich abends durch Katherine rolle, sitzen oder stehen sie in kleinen Gruppen am Straßenrand, offensichtlich alkoholisiert und alle nicht weit entfernt vom „Bottle Shop", der zu später Stunde ein gutes Geschäft macht mit der Verzweiflung der Ureinwohner.

Mein Problem auf den letzten 200 Kilometern dieser Etappe: Gegenwind. Teilweise so heftig, daß ich fast eine Stunde pausieren mußte, um Kraft zu tanken. Mein Tagesschnitt ist deshalb nicht berauschend – 17 Stundenkilometer. Falls der Wind Teil einer Großwetterlage ist, könnte es in den nächsten Tagen eng werden. Drei Etappen mit jeweils über 300 Kilometern stehen an.

Warme Dusche jederzeit

Die Kraft der Einbildung

22. April, 24. Tag

Traudl weckt mich um viertel nach vier. Ich denke: Nein, nicht schon wieder aufs Rad. Meine Gliedmaßen sind schwer wie Blei, die Augenlider bleiben geschlossen. Es ist das erste Mal auf dieser Tour, daß ich mich wirklich überwinden muß, die Decke zurückzuschlagen und aus dem Bett zu krabbeln. Normalerweise hab' ich das ganz gut im Griff, auf Kommando wach zu sein. Fällt auch nicht so schwer, wenn andere alles schon hergerichtet haben: das Frühstück, die frischen Klamotten, das Rad... Ich brauche eigentlich nur aufzustehen und loszufahren.

Heute ist alles anders. Ich sitze minutenlang am Bettrand, Ellbogen auf den Knien, das Gesicht in den Handflächen vergraben. Gleich wird Jörn hereinkommen und sein stereotypes „Hubert, auf geht's, pack' mer's!" loswerden. Kaum gedacht, liegt er mir auch schon in den Ohren. Bevor er das Häufchen Elend jetzt noch

mit den Worten kommentiert „Du hast es ja nicht anders gewollt", zeige ich lieber etwas Aktionismus. Die Crew hat's ja gut, kann im Auto sitzen, während ich da draußen strample, im Gegenwind (auch heute wieder – ich ahne es!). Die wissen doch gar nicht, was das heißt, jeden Tag 12, 14 Stunden im Sattel...

Meiner ungewohnten Wehleidigkeit an diesem Morgen begegnet die Crew offenbar mit Gleichmut. Die erste halbe Stunde rollen sie nur kommentarlos hinter mir her. Ich fühle mich am Rad so unwohl wie in einem kratzigen Pullover, den man am liebsten in die Ecke pfeffern würde. Aber wer gibt sich vor anderen schon gern eine Blöße! Könnten die Stoffel im Begleitfahrzeug nicht mal längsseits kommen, mir auf die Schulter klopfen und sagen: „Hubert, toll wie Du kämpfst, Du schaffst das schon!" Aber nein, Jörn wundert sich wahrscheinlich wieder nur, warum ich so schwer, so unrund trete und nicht einen Gang zurückschalte, wie's im Lehrbuch steht... Wegen mir könnte es Nacht bleiben, den ganzen Tag. Was gibts's schon zu sehen? Buschwerk, nichts als Buschwerk. Und das Bild der Straße, die schnurgerade auf den Horizont zuläuft, hat sich längst in mein Hirn eingebrannt, wie eine gleißende Lichtquelle in die Röhre einer Videokamera.

Es muß nicht hell werden, um das Elend zu erkennen. Ich kann auch meinen Lenker vergessen, es gibt ja hier keine Kurven; ich brauche keinen Sattel, reibt nur das Sitzfleisch wund; brauche keine Pedale, sind schlimmer als Fußpilz. War da nicht eben ein Stechen vom Ballen her...? Warum, in aller Welt, muß ich hier Radfahren? Kann mir das jemand erklären?

Der Van kommt längsseits. „Hubert, 's läuft bestens, 26er Schnitt, bist gut drauf heute, was!" Wie bitte? Jörn lächelt herüber – meint er das ernst? „Wenn Du so weiterfährst, spendier' ich heut' mittag ein Eis." Er meint es ernst. Balsam für die angenockte Psyche. Ein Schmunzeln über die eigene Einbildung kann ich mir nicht verkneifen. Kettenreaktion in's Negative – daß ausgerechnet mir das passiert, dem Motivationskünstler! Die geistige Talfahrt beschäftigt mich noch eine ganze Weile. Wärst du da auch alleine wieder herausgekommen? Sicher, aber es hätte viel mehr Überwindung gekostet. Mit der Morgensonne kehrt dann schnell die Erkenntnis zurück, daß ich hier wirklich gerne bin. Auf dem Lenker liegen, in die Pedale treten, den Fahrtwind spüren, die weite Landschaft vorbeiziehen sehen – nichts lieber als das.

Ab Mittag glätten sich dann die Emotionen, Routine greift Platz. Es ist unangenehm heiß geworden und die Strecke überraschend bergig. Wenigstens kein Gegenwind. Mein Tempo ist mäßig, mein Sitzfleisch umso besser. Abgesehen von kurzen Pinkelpausen nur eine 30minütige Rast auf 328 Kilometern. Nach 14 Stunden und 30 Minuten Fahrt ist auch dieser krisenhafte Tag überstanden. Über die durchgelegene Matratze im Dunmarra Roadhouse kann man da großzügig hinwegsehen.

Ein altes Übel tritt auf den Plan

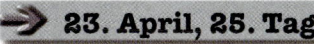
23. April, 25. Tag

Gegenwind fast den ganzen Tag, dazu Temperaturen um die 35 Grad. Auf den 362 Kilometern nach Tennant Creek bin ich 16 Stunden im Sattel. Zu allem Überfluß sind erstmals, seit ich in Berlin gestartet bin, hartnäckige Fußschmerzen aufgetreten. Schuld daran ist der grobe Straßenbelag, der das Rad ständig leicht vibrieren läßt. Und dieses Rütteln überträgt sich vor allem auf die Füße, die ja über den Bindungsmechanismus an den Schuhsohlen fest mit den Pedalen verbunden sind. Die rauhe Straße hat aber noch einen anderen unangenehmen Effekt: Sie bietet einen viel höheren Rollwiderstand als glatter Asphalt. Wenigstens ist mein subjektiver Eindruck so, als hätte jemand Klebstoff auf die Reifen geschmiert. Grober Belag, Gegenwind – und das über Hunderte von Kilometern – genau die Mischung, die Fußschmerzen heraufbeschwört. Man muß über lange Zeit mit einem ungewohnt hohen Pedaldruck fahren, um überhaupt nennenswert voranzukommen.

Daß früher oder später dieses Problem auftauchen würde, ist mir klar gewesen. Es hat mich noch jedesmal eingeholt. Immerhin bin ich hier schon über 6000 Kilometer weit gekommen, ohne von diesem stechenden Schmerz in den Fußballen behelligt zu werden. Wie groß die Pein sein kann, hat mir vor allem das Race Across America 1992 gezeigt. Da konnte ich mich schon nach 2500 Kilometern kaum mehr im Sattel halten, weil ich bei jedem Tritt das Gefühl hatte, in ein Nadelkissen zu steigen. Der Schmerz macht vor allem mürbe im Kopf, obwohl die Muskulatur noch genügend Kraft mobilisieren könnte. Mit jedem Rennen habe ich seither das Problem Stück für Stück besser in den Griff bekommen. Anfängliche Experimente mit freigelegten Zehen brachten überhaupt nichts, ebenso wenig wie die Verwendung von breiten Mountanbike-Pedalen. Hilfreich sind dagegen Einlagen, mit denen sich die Stellung des Fußes im Schuh leicht varrieren läßt

und die einen Puffer zwischen Ballen und harter Sohle bilden. Noch besser zwei Paar – eingefahrene! – Radschuhe mit jeweils unterschiedlichem Druckpunkt, der sich über die Bindungszapfen einstellen läßt. Ein Schuhwechsel alle 100 Kilometer kann bei aufkommenden Fußschmerzen das Schlimmste verhüten. Am wirkungsvollsten aber ist, gleich die harten und engen Rad- gegen Turnschuhe mit dicker Sohle zu tauschen. Letztere werden mit Klettband auf einer Bindungsplatte aus Alu fixiert. Der Nachteil an dieser Lösung: Die Beinarbeit beschränkt sich fast nur auf die Druckphase, am Pedal ziehen kann man mit dieser lockeren Konstruktion kaum. Der Tritt wird unrund, das Tempo läßt nach.

Ich beschließe, erst einmal die Radschuhe zu wechseln. Ein Kompromiß, denn eigentlich sind die Schmerzen, die von den Fußballen bis in die Unterschenkel abstrahlen, schon so stark, daß ich in die Leisetreter mit der dicken Sohle schlüpfen müßte. Gegenwind, rauher Asphalt und vor allem die lange Etappe zwingen mich aber zu einer effektiven Fahrweise – mit Turnschuhen nicht gut machbar.

Die veränderte Druckverteilung an der Sohle zeigt zwar Wirkung, ganz vertreiben lassen sich die Schmerzen nicht. Sie sind immer präsent, wie der Brummton eines schlechten Verstärkers. Den kann man ausschalten – für mich hieße das: absteigen – oder man kann die Musik lauter drehen. Soll ich vielleicht singen? „Sometimes, I wish I were an angel…" Stop, stop. Das bringt nur die Rindviecher in Unruhe, die friedlich neben der Straße weiden. Nein, ich denke lieber daran, daß ich so etwas schon oft genug durchgestanden habe, zum Beispiel während meiner Australien-Umrundung vor drei Jahren. Mit aufkommenden Schmerzen werden Ansprüche und Ziele immer bescheidener: Nicht Adelaide, Rio oder Berlin sind in meinem Kopf, sondern nur diese kleine Goldgräberstadt Tennant Creek, 200 Kilometer voraus; oder der nächste Baum, der sich weit vorne am Horizont abzeichnet; oder

das Mittagessen im Begleitfahrzeug – bis dahin schaffst du's noch! Ich konzentriere mich also ganz auf die Tortellini, die Traudl in einer Stunde servieren wird.

Stundenlanges Ringen mit Hitze, Wind und dumpfem Schmerz, mit der eigenen Fassung. Unter die Durchhalteparolen mischt sich Selbstmitleid: Warum muß wieder alles Pech zusammenkommen? Erst nach Sonnenuntergang entspannt sich die Situation. Der Wind läßt nach, der Druck in den Füßen auch. Die letzten 60 Minuten im Sattel sind kein Problem mehr. Um zwanzig nach acht sind wir im Quartier. Dort treffen wir auch Katherine und ihr Motorrad wieder, die mir heute draußen auf dem Highway begegnet sind. Katherine ist in wohltätiger Mission unterwegs, sammelt auf ihrer monatelangen Fahrt durch Australien Geld für notleidende Kinder. „Einen Traum habe ich mir erfüllt", sagt sie und schaut stolz auf ihre schwere Maschine, die über und über behängt ist mit bunten Plüschtieren. Nicht ein

bißchen verrückt, mit diesem Ziel und in diesem Aufzug durch's fast menschenleere Outback zu gondeln? In Australien ist das Normalität. Vor drei Jahren ist mir „in the middle of nowhere" ein pensionierter Postbote über den Weg gelaufen, der den Kontinent zu Fuß umrundet hat – auch für einen guten Zweck. Wohltätigkeit treibt hier seltsame, aber sympathische Blüten.

Fahrt zum Mond

→ 24. April, 26. Tag

Meine Startzeit hat sich inzwischen wieder bei vier Uhr eingependelt. Die einzige Frage, die mich am Morgen beschäftigt: Kommen die Fußschmerzen wieder? Keine Anzeichen, solange es dunkel und kühl ist. Aber wehe, wenn die Sonne aufgeht. Grandioses Naturschauspiel auf der einen, Countdown zur Quälerei auf der anderen Seite. In Sekundenschnelle schiebt sich die orange-

gelbe Scheibe über den Horizont und taucht die flache Savanne in ein Licht, das ungeahnte Konturen sichtbar macht. Selbst kleine Details in der Ferne – Büsche, abgestorbene Äste – zeichnen sich messerscharf gegen den wolkenlosen Himmel ab, im gelbroten Sand glaubt man fast jedes Korn zu erkennen. Das kontrastreiche Morgenlicht macht aber auch überdeutlich sichtbar, was ich schon seit zwei Stunden spüre: rauhen Straßenbelag. Es dauert nicht lange, bis die Sonne ihre volle Kraft entfaltet und den Asphalt in der Ferne flimmern läßt. Dann ist es nach Lage der Dinge nur eine Frage der Zeit, bis die Fußballen dem Kleinhirn melden: Tut weh da unten...

Tatsächlich sind nach 100 Kilometern die Probleme des Vortags wieder präsent. Mehr noch: Die Route ist leicht ansteigend, für's Auge nicht wahrnehmbar, aber die Beine registrieren das ganz genau. Jörns Berechnungen ergeben zwei bis drei Prozent Steigung auf den ersten 175 Kilometern. Eine wirklich bergige Route wäre mir lieber, da besteht wenigstens die Aussicht auf erholsame Abfahrten. Aber der stundenlange leichte Anstieg zehrt aus, denn die Muskulatur ist ständig angespannt. Meinen Tretrhythmus darf ich praktisch nie unterbrechen, weil mich der Gegenwind sofort in die Nähe des Stillstands bringen würde. In der Mittagspause ist es schließlich soweit: Am linken Fußballen sind die Beschwerden so stark, daß ich zum Turnschuh greife. Nach dem Essen übermannt

mich im Begleitfahrzeug die Müdigkeit. 15 Minuten Schlaf, dann weht wieder ein anderer Wind.

Mit dem Verkehr im australischen Outback gibt es kaum ein Problem, er ist ja auch fast nicht existent. Einzig die 50 Meter langen „Road trains" sorgen für Wirbel. Wenn die 16achsigen Ungetüme mit Auflieger und zwei Anhängern an mir vorbeidonnern, dann erzeugt das in der Luft einen solchen Staudruck, daß

Links: Zu den 50 Meter langen Lastzügen, den Road trains, die auf den Highways im Outback unterwegs sind, hält man besser einen Respektsabstand. Der Winddruck, den die Ungetüme im Vorbeifahren erzeugen, ist enorm.

Rechts oben: Wohltätigkeitsmarsch in sengender Hitze auf dem Stuart Highway. Um Geld für einen guten Zweck zu sammeln, ist diesen beiden Rotariern kein Weg zu beschwerlich.

Rechts unten: Lückenhaft: Regelmäßig unterbrechen Viehgitter den Asphalt.

ich gegenlenken muß, um nicht von der Straße gedrückt zu werden. Zum Glück kann man sich lange genug auf diese unsanften Begegnungen vorbereiten. Auf der Gegenfahrbahn sind die Trucks schon von weitem an ihrer rußigen Abgasfahne zu erkennen, wenn sie von hinten kommen, warnt mich das Begleitfahrzeug mit der Hupe. Sollte die Überholspur einmal blockiert sein, rechnet man besser nicht damit, daß die Kapitäne der Landstraße für einen Radler in die Eisen steigen. Nichts wie runter vom Highway, denn der Bleifuß der Trucker gehört ganz dem Gaspedal. Kängüruhs, Rinder und anderes Getier, das hier unvorsichtigerweise die Straße kreuzt, räumen die „Road trains" im Konfliktfall mit ihren mächtigen Rammen vorm Kühlergrill aus dem Weg. Die rohe Gewalt, die auf dem Highway zur Anwendung kommt, kann man sogar riechen. Die Tierkadaver am Straßenrand verströmen einen Duft...

Besserung am Nachmittag. Auf den letzten 120 Kilometern ist die Strecke wieder absolut flach, und auch das Landschaftsbild hat sich etwas geändert. Es sieht hier aus, als hätte jemand erfolglos versucht, den Mond zu bepflanzen. Im Wycliffe Well Roadhouse hat man sich von dieser Atmosphäre zu einer entsprechenden Dekoration inspirieren lassen. Zwei große Schilder heißen „Earthlings" (Erdenbewohner) im „UFO-Territory" willkommen, nebenan hat eine blecherne Raumsonde ihren Landeplatz. Die Bewohner des Outback mögen manchmal etwas distanziert erscheinen, ihre Fähigkeit zur Selbstironie ist überzeugend. Hier redet niemand die Dinge schöner als sie sind, hier wird nichts dramatisiert, was wir vielleicht als tragisch ansehen: Wie kann man in dieser Einsamkeit nur leben? Und hinter dem vermeintlich Schlichten versteckt sich auch eine gehörige Portion Witz. „Bier" buchstabiert man in Australien schlicht und ergreifend „XXXX", seit einem Brauer dieser sinnige Markenname eingefallen ist. Haben Sie schon mal über „Franziskaner Hefeweißbier" gelacht?

Um 19.15 Uhr ist mein Arbeitstag am Ti Tree Roadhouse zu Ende. Auf den 321 Kilometern bin ich über einen 22er-Schnitt nicht hinausgekommen. Immerhin ließen sich die Fußprobleme so weit kontrollieren, daß ich die morgige Etappe geistig schon einmal verlängere. Statt der geplanten 190 peile ich 100 Kilometer mehr an. Ein kleines Zeitpolster kann nie schaden, wer weiß, was da noch kommt.

Eine Etappe mit Sahnehäubchen

> **25. April, 27. Tag**

Endlich wieder eine Etappe, an der man sich aufbauen kann. Heiß zwar, aber kein Gegenwind. Für die grandiose Landschaft, in der wir heute unterwegs sind, gibt es zwei ähnlich klingende Namen: „Rotes Zentrum", was von der Farbe des Sandes und der Felsabbrüche herrührt, und „Totes Zentrum", was auf die spärliche Besiedlung hindeutet. Völlig leblos ist die Gegend natürlich nicht. Der Touristenort Alice Springs dürfte vielen als Ausgangspunkt für Touren zum Ayers Rock und in die McDonnell Ranges bekannt sein.

Während ich die neuen landschaftlichen Eindrücke förmlich aufsauge, kann Christopher der leuchtend roten Erde und den bizarr verwitterten Gesteinsformationen wenig abgewinnen. Unser Kameramann steht der Motivvielfalt tatenlos gegenüber, weil er heute morgen samt Arbeitsgerät eine unfreiwillige Rutschpartie im brüchigen Fels hingelegt hat. Die verschrammte Hightech-Kiste zeichnet die Bilder jetzt mit einem dicken Balken am linken Rand auf, was unser Unternehmen nicht verdient hat. Christopher muß wohl oder übel Ersatz heranschaffen – per Luft-Expreß aus Deutschland.

77

Seite 78/79: Einfahrt nach Alice Springs, lebendiger
Touristenort im „toten Zentrum" Australiens.

Links: Steiniger Asphalt, eine Plage für den Radfahrer.
Die Beschaffenheit des Stuart Highway wechselt häufig,
weil man beim Bau die Rohstoffe der jeweiligen
Umgebung verwendet hat.
Rechts: Abendhimmel über Coober Pedy:
eine angenehme Kulisse für Überstunden im Sattel.

Das Radfahren kommt mir heute fast spielerisch vor, von Krampf keine Spur. In Alice Springs gönnen wir uns sogar zwei Stunden Pause. Auf den letzten 50 Kilometern begleitet mich Jörg auf dem Ersatzrad. Ein Plausch im Sattel kommt nur sporadisch zustande, weil Jörg meist 30, 40 Meter vor mir aufs Tempo drückt. Meint wohl, er müßte mir zeigen, wie man hier radfährt. Als vor uns die Lichter des Etappenziels Stuart Wells auftauchen, will ich wissen, was unser Fotograf in den Beinen hat; ziehe von hinten an ihm vorbei – keine Gegenwehr. Der gewonnene Sprint zum Roadhouse ist das Sahnehäubchen auf dieser Etappe – als solches kriegt es Jörg jedenfalls serviert. Spaß muß sein.

Höhenflug und Absturz

➜ 26. April, 28. Tag

Die gestrige Etappe hat mir soviel Auftrieb gegeben, daß ich heute gleich wieder in die Verlängerung gehen will. Statt der geplanten 273 nehme ich 371 Kilometer ins Visier. Der neue Zielort Marla liegt bereits in Südaustralien, unsere bisherige Route führte durch das „Northern Territory". Nach gut der Hälfte dieser Kontinentaletappe entwickelt der Endpunkt Adelaide eine immer größere Anziehungskraft. Auf zum „Schlußspurt" über 1500 Kilometer!

Pünktlich um vier hat uns der Stuart Highway wieder. Ich konnte es, ehrlich gesagt, kaum erwarten, in den Sattel zu steigen.

Mein Tempo an diesem Morgen liegt konstant über 25, Jörn bescheinigt mir eine „auffallend runde Fahrweise". Positive Gedanken fördern offenbar die Harmonie der Bewegung. Nach Tagen mit Minimalzielsetzung greift jetzt wieder eine andere Dimension Platz. Australien hake ich geistig schon mal ab. Brasilien wird sicher eine harte Nuß, aber warum am eigenen Durchhaltevermögen zweifeln, wenn es bisher so gut gelaufen ist!

Fast 7000 Kilometer durch Nordamerika – für einen, der dreimal das Race Across America gefahren ist, darf das im Grunde kein Problem sein. Und bin ich erst einmal zurück in Europa, gibt es vom Nordkap bis ins Ziel kein Halten mehr. Berlin, ich komme! Zugegeben, eine naive Betrachtungsweise, aber manchmal muß man im Zeitraffer denken, um diesen 80-Tage-Brocken greifen zu können.

Der mentale Höhenflug ist nach neun Stunden Fahrt zu Ende. Wieder eine dieser kaum sichtbaren, aber endlosen Steigungen. Meine Schnitt sinkt sofort um drei, vier Stundenkilometer. Die weite Steppenlandschaft, die zuvor die Gedanken beflügelt hat, bietet plötzlich keinen Halt mehr. Die Straße verliert sich in den Luftspiegelungen am Horizont. Es ist, als führte kein Weg aus dieser Öde. Immer wieder die Frage an Jörn: Wie weit noch? Vor zwei Stunden hatte ich kein Problem, mit den restlichen 15.000 Kilometern der ganzen Tour umzugehen, jetzt versetzen mich schon die 150 Kilometer bis ans Etappenziel in Unruhe. Immer häufiger lege ich kurze Pinkelpausen ein, wechsle die Schuhe, um mir ja keine Fußschmerzen einzuhandeln.

Am Ziel in Marla, nach 16 Stunden im Sattel, bin ich leer wie lange nicht mehr. Als ich vor dem Roadhouse vom Rad steige

Down under heißt ganz unten

Seite 82:

Oben: Ein Ort, der so heißt wie meine Tochter; wenn
es doch nur noch 24 Kilometer bis nach Hause wären...
Links: Vorbei an roten Sanddünen – typisch Outback.
Rechts: Die richtige Wahl gegen die Qual:
Der Turnschuh lindert die Schmerzen im linken Fuß.

Seite 83:
Die Müdigkeit ver(t)reiben.

überkommt mich sogar leichter Schwindel. Ein neidvoller Blick auf die Lagerfeuerromantik am Zeltplatz gegenüber, dann tauche ich ins fahle Neonlicht unseres Nachtquartiers.

Eine Plage, diese Fliegen

➡ 27. April, 29. Tag

Australien: im Prinzip flach wie eine Flunder, aber für mich doch die reinste Berg- und Talfahrt. Gestern früh noch euphorisch, heute morgen ein Tief. Das Aufstehen um 3.30 Uhr ein Akt der Überwindung, die Müdigkeit im Kopf und in den Beinen hält sich hartnäckig. So richtig wach werde ich erst, als im Morgengrauen drei Känguruhs an der Strecke auftauchen. Seelenruhig hocken sie am Straßenrand und starren mir entgegen. Offenbar sind sie von der strampelnden Kreatur so beeindruckt, daß sie erst das Weite suchen, als ich an ihnen vorbeifahre. Sieht unverschämt locker aus, wie Skippies Artgenossen da über die Prärie hüpfen. Nein, beeindruckt sind sie bestimmt nicht gewesen, höchstens entsetzt: Wie kann ein Zweibeiner zur Fortbewegung nur so viel Kraft vergeuden!

Die Känguruhs muß man mögen, eine andere Spezies dagegen treibt einen hier schier zum Wahnsinn: die Fliegen. Sobald ich anhalte, nehmen die unverschämten Insekten sofort Kurs auf Nasenlöcher, Ohrenhöhlen, Augenwinkel und Mundschlitz. Kurz den Kopf hin- und herzuwerfen und wild mit den Armen zu fuchteln, bringt gar nichts, weil die Fliegen binnen Sekunden schon wieder zur Landung ansetzen. Es ist ja schön, umschwärmt zu sein, aber bitte nicht auf diese Weise. Etwas Gutes haben die lästigen Attacken freilich schon: Ich überlege es mir dreimal. ob ich anhalten will. Denn solange der Fahrtwind weht, finden die Plagegeister keinen Halt.

Diese Etappe ist die bislang schwerste in Australien. Hitze, Seitenwind, permanente leichte Steigung. Für die 240 Kilometer von Marla nach Coober Pedy brauche ich 14 Stunden. Mein Schnitt liegt bei kümmerlichen 17 Stundenkilometern. Mit der eigenen Langsamkeit darf ich nicht lange hadern. Ich muß mich damit abfinden, daß es heute eben nicht schneller geht. Die ohnehin karge Kulisse beiderseits der Straße hat sich seit ein paar Stunden noch weiter reduziert. Nichts als Steine, Sand und verdorrte Grasbüschel. Kein Baum mehr, kein Strauch. Innere Emigration ist angesagt. Ich denke an meine Familie und daran, was kommt, wenn diese Weltumrundung vorüber ist: Ende der Fahnenstange

oder Aufbruch zu neuen Großtaten? Auf der einen Seite ist es belastend, immer so lange von Frau und Kind getrennt zu sein (und dieses Gefühl überwiegt im Moment), andererseits bin ich noch immer dem Reiz neuer Marathon-Herausforderungen erlegen. Wenn ein Abtenteuer überstanden ist, heißt es: „Solche Strapazen tust Du Dir nicht noch mal an!" Ein halbes Jahr später reift dann meist schon die nächste Idee... Bis Berlin und nicht weiter? Ich finde keine schlüssige Antwort.

15 Kilometer vor unserem Etappenziel doch noch ein Szenenwechsel. Soweit das Auge reicht, überziehen meterhohe Sandkegel das flache Terrain. Es ist der Abraum von Probebohrungen – in der Gegend um Coober Pedy wird nach Edelopal geschürft. Hier lagern die weltweit größten Vorkommen des buntschillernden Minerals, und trotzdem ist der Ort alles andere als schmuck. Ein staubiges Dorf, durch das noch immer der Pioniergeist weht. Für ein paar australische Dollar kann sich hier jeder seinen Claim abstecken und sein Glück versuchen. Hier leben aber mehr Menschen, als es zunächst den Anschein hat. Um vor der enormen Hitze in den Sommermonaten geschützt zu sein, haben viele Opal-Schürfer ihre Wohnungen in den weichen Fels getrieben.

In Coober Pedy angekommen, ist mir doch tatsächlich nach noch mehr Maloche zumute. Es ist erst sechs Uhr abends, und wenn sich die Gelegenheit bietet, weiter voranzukommen, muß ich sie nutzen – Erschöpfung hin oder her. Für gute zwei Stunden schwing' ich mich nach einer kurzen Pause nochmal auf's Rad. Das Nachsitzen lohnt nicht nur sportlich: Bei Sonnenuntergang verwandelt sich der von Wolkenfetzen durchsetzte Himmel allmählich in ein leuchtend gelb-rot-blaues Graffiti. Das gigantische Formen- und Farbenspiel am Firmament lenkt mich lange von der montonen Strampelei ab. Nach 60 Kilometern ist endgültig Schluß, das Begleitfahrezug bringt mich ins Quartier nach Coober Pedy zurück

Burger mit Pommes

Aufbruch um 3.40 Uhr; mit dem Auto zum Endpunkt meiner gestrigen Etappe. Hundemüde. Es dauert jetzt immer länger, bis ich am Morgen einigermaßen in Tritt komme. Schlechter Rhythmus produziert Zweifel. „Warum tue ich mir das eigentlich alles an?" Jörns lapidare Antwort: „Du hast es ja nicht anders gewollt." Danke. Hab schon verstanden: nicht wehleidig werden.

Rast im Glendambo Roadhouse. Jetzt muß es mal wieder ein dicker Cheeseburger sein, auch wenn der mir nachher schwer im Magen liegt. Nachdem ich von Fleischklops und Pommes gut gesättigt bin, kriecht schnell die Müdigkeit wieder hoch. Ich lege den Kopf zurück und starre an die Decke, wo die rotierenden Ventilatoren alsbald ihre hypnotische Wirkung entfalten. Zehn Minuten Halbschlaf, dann drängt Jörn schon wieder zum Aufbruch. Warum nicht sitzenbleiben, die Beine hochlegen und sich die Pferderennen reinziehen, die unablässig über den Bildschirm in der Ecke flimmern? Oder mit den Truckern an der Theke ein Bier trinken – wäre doch interessant, zu erfahren, was die so auf dem Highway erleben... Es hilft alles nichts, ich muß wieder auf's Rad.

Ich weiß nicht ob's am Cheeseburger liegt, jedenfalls komme ich am Nachmittag ungewöhnlich gut voran. Mein Schnitt liegt trotz leichtem Gegenwind bei 24 Stundenkilometern. Bei der Ankunft im Etappenziel Pimba entscheide ich mich abermals, noch ein paar Kilometer an die 314 zurückgelegten dranzuhängen – 26 sind es, um genau zu sein. Als wir von der Extratour ins Roadhouse zurückkommen, treffen wir Steve Miles, einen Computerprogrammierer aus Manchester, der sich ein ganzes Jahr Zeit genommen hat, um mit Rad, Zelt und Packtaschen um die Welt zu reisen. Sein Quartier schlägt er im Freien neben der Damentoilette auf, „weil da ein dickes Geländer ist, an dem ich mein Rad anketten kann". Wie wir ein Zimmer zu nehmen, das käme nur im äußersten Notfall in Betracht, sagt Steve. Gleiche Materie, unterschiedliche Ziele. Er würde im Sattel nicht mit mir tauschen wollen, ich nicht mit ihm. Im Gespräch finden wir aber doch noch einen gemeinsamen Nenner. „So eine Weltreise zeigt doch, wie weit man mit einem Rad kommen kann", meint Steve, „eigentlich das ideale Verkehrsmittel". Recht hat er.

➤ 29. April, 31. Tag

Wetterumschwung, über Nacht hat es empfindlich abgekühlt. Die ersten Stunden bin ich mit Windjacke und langer Radhose unterwegs. Die niedrigeren Temperaturen tun gut. Obwohl am späten Vormittag starker Gegenwind aufkommt, fällt mein Schnitt nicht unter 20 Stundenkilometer. Daß ich diese Kräfte nach gut 8000 Radkilometern mobilisieren kann, hat einen einfachen Grund: Adelaide ist zum Greifen nahe, nur noch einmal übernachten, dann haben wir Australien hinter uns. Der psychologische Sog ist gewaltig. Als wir bei Port Augusta auf die Küste stoßen, frischt der Wind noch einmal auf, kommt jetzt aber mehr von der Seite. Ich bin so auf das nahe Ende dieser Kontinentaletappe fixiert, daß ich gar nicht merke, wie ich zum Abend hin immer langsamer werde. In den letzten drei von fast 16 Stunden Fahrt registriert Jörn nur noch einen 16er-Schnitt. Den Vorschlag der Crew, nach 260 Kilometern in Crystal Brook Quartier zu machen, habe ich in den

Seite 84:
Oben: Erdenbewohner willkommen! Skurrile Dekoration am
Wycliffe Well Roadhouse.
Unten: Gut bewachtes Farmer-Ehepaar.

Seite 85:
Rechts: Ankunft in Adelaide. Die 3000 Australien-Kilometer
sind geschafft.
Unten: Nacht-Club: Katherine aus Sydney rollt mit Plüschtieren
durchs Outback, Steve aus Manchester campt gern rustikal.

Wind geschlagen. „50 geh'n noch!" Mein Tempo ist zwar niedrig, aber der Rhythmus gut. Stur sein heißt in diesem Fall Stärke zeigen.

Als wir um acht Uhr in Snowtown einrollen, habe ich gegenüber unserem ursprünglichen Etappenplan einen Vorsprung von

120 Kilometern herausgefahren. Ich bin geschafft, aber zufrieden. Der Weg ins Hotelzimmer führt diesmal durch die Kneipe. Dort ist das halbe Dorf versammelt und vergnügt sich beim Dart-Spiel. Als ich in vollem Ornat mit meinem Drahtesel durch die Tür komme, verstummt plötzlich der ganze Saal und drei Dutzend „Aussies" verfolgen staunend meinen Weg. „No worries", werfe ich in die Runde, was soviel heißt wie: „Keine Sorge, Leute, alles bestens." Gelächter, Gemurmel, meine Crew beantwortet alle Fragen. Ich muß schleunigst ins Bett.

30. April, 32. Tag

Um 12 Uhr liegen die 3000 Australien-Kilometer hinter mir – Adelaide ist erreicht. Das Hochgefühl am Etappenziel dauert aber nur kurz. Seit dem Start in Snowtown heute morgen hat mich beschäftigt, was mir in den nächsten zwei Wochen bevorsteht: 80 Prozent der Brasilien-Etappen sind länger als 300 Kilometer und führen teilweise über Strecken, deren Profil und Verkehrsaufkommen mir Ortskundige als „Horror für Radfahrer" beschrieben haben. Die 8600 Kilometer auf der Haben-Seite sind zwar ermutigend, aber die Unwägbarkeiten der nächsten Etappen unterdrücken jede Euphorie. Außerdem gibt es Probleme mit dem Sitzfleisch. Obwohl ich nur eingefahrene Sättel und Radhosen

verwende, haben sich zwei Talgdrüsen am Gesäß entzündet. Ein Glück, daß jetzt fast zwei Tage Zeit zur Behandlung bleiben. Im Hotel versuche ich, so gut es geht zu regenerieren. Die Crew nimmt mir das ein bißchen übel, denn man würde die Ankunft in Adelaide gerne gebührend feiern. Danach, Freunde, ist mir aber nicht zumute.

1. Mai, 33. Tag

Morgens um sechs Abflug nach Los Angeles, von dort geht es weiter nach Montevideo. Ich ringe im Flieger um positive Gedanken, aber die schlechte Vorahnung wegen Brasilien ist erdrückend. Ein Blick durchs Kabinenfenster: Draußen ist es zappenduster.

Down under heißt ganz unten

Die Triebfeder im Tretlager

Zur Etappe Montevideo – Salvador

Flucht nach vorn

→ 2.Mai, 34. Tag

Der Empfang auf dem Flughafen von Montevideo ist überraschend lebhaft. Am Ausgang warten ein Fernsehteam, ein Vertreter der deutschen Botschaft und natürlich die Crewmitglieder, die die Etappen in Uruguay und Brasilien vorbereitet haben. Oli und Chris sind bekannte Gesichter, dazu kommen Petra Baur, die uns mit ihren guten Portugiesisch-Kenntnissen weiterhelfen soll, und der einheimische Stefan Eckert. Der deutsch klingende Name rührt vom Vater her: Er ist Österreicher, die Mutter Brasilianerin. Stefan bringt die Kenntnisse über Land und Leute mit, die im desorganisierten multikulturellen Brasilien einfach notwendig sind, um ein aufwendiges Unternehmen wie das unsrige durchziehen zu können. Traudl und Christopher, die mit mir von Australien herübergekommen sind, komplettieren das Team.

Die Antworten auf die vielen Fragen, die am Flughafen auf mich einprasseln, fallen wesentlich optimistischer aus, als es der Wahrheit entspricht. Muß ja nicht jeder gleich wissen, daß mir vor Brasilien eigentlich himmelangst ist. Später, im Kreis der Crew, wird dann Tacheles geredet. Oli, der mit Petra, Chris und Stefan die Begleitfahrzeuge von Rio nach Montevideo gebracht hat, schildert die bevorstehende Route etwas überspitzt als „absolute Todesstrecke". „Irrer Verkehr, brutale Steigungen, tropische Regengüsse – mir ist schleierhaft, wie Du da über 300 Kilometer am Tag schaffen willst." Oli ist zwar ein ausgezeichneter Radsportler, der fundierte Urteile über die Fahrbarkeit von Strecken fällen kann, aber in diesem Fall scheint er mir nun doch etwas zu dick aufzutragen. Sollen wir etwa gleich die Waffen strecken? Bevor sich Olis Pessimismus breitmachen kann, beschließe ich, den Stier bei den Hörnern zu packen: Etappenverlängerung. Statt der geplanten 127 will ich heute noch190 Kilometer schaffen.

Start um 14.40 Uhr am Flughafen. Auf den ersten Kilometern der übliche Check der neuralgischen Punkte: Füße und Gesäß. Keine Schmerzsignale – es fühlt sich gut an, wieder auf dem Rad zu sitzen. Siebeneinhalb Stunden dauert die Fahrt nach Rocha. Die Landschaft, vorwiegend flaches Weideland, vermittelt noch wenig von der Exotik Südamerikas. Auch die Temperaturen sind eher wie zu Hause: um die 20 Grad. Auf dem Rad kann ich damit prima leben und spüre bei der Ankunft wenig Erschöpfung, körperlich wenigstens. Im Kopf sieht es immer noch anders aus. Ich habe zwar die Flucht nach vorn angetreten und will auch in den nächsten Tagen weiter kommen als geplant, aber mir zittern die Knie, wenn ich an die fast 4000 Kilometer denke, die hier noch vor mir liegen. Obwohl die Crew ja immer an meiner Seite ist und sich unglaubliche Mühe gibt, kommt es mir jetzt erstmals so vor, als wäre ich mit der Herausforderung völlig alleingelassen. Deprimierend ist das. Fast zum Heulen.

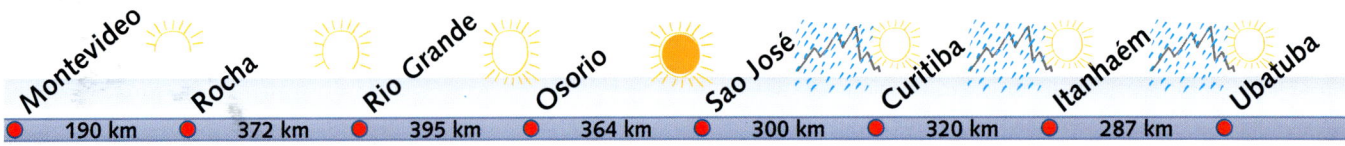

Oben: Am Südamerika-Start in Montevideo:
Einmal der Durstlöscher für andere sein...

Unten: Steile Anstiege in Südbrasilien.
Wiegetritt wird zur Dauerübung.

Macho, Macho

➡ 3. Mai, 35. Tag

Auftakt zu fünf 300-Kilometer-Etappen in Folge. Verschärftes
Tempo ist manchmal das beste Antiserum gegen die vergiftete
Moral. Auf den 135 Kilometern zur Grenze nach Brasilien quet-
sche ich einen 30er Schnitt aus meinen Beinen. Oli ist verblüfft,
aber immer noch skeptisch: „Wenn Du Dich hier zu sehr veraus-

gabst, bist Du spätestens in den Bergen platt." Und wenn schon.
Das Gefühl, schnell voranzukommen, ist mir jetzt wichtiger. Auch
in den folgenden fünf Stunden bin ich für meine Verhältnisse noch
ungewöhnlich flott unterwegs – mit durchschnittlich 28 Sachen.
Ist es Panik, die mich treibt, oder schüttet der Körper freiwillig
nach 9000 Kilometern – bingo! – eine Extraportion Adrenalin aus?
Ich kann es jedenfalls kaum erwarten, auf die Berge zu stoßen,
von denen die Crew befürchtet, ich könnte daran zerschellen.
Noch sind wir allerdings von flachem Weideland umgeben. Die
Viehherden, die hier im Staate Rio Grande do Sul grasen, sind die
größten Brasiliens. Ihre Aufpasser, die Gauchos, verkörpern den
Archetyp des stolzen Machos: dunkler Teint, steife Miene. Rotes
Halstuch, flacher Hut, weite Hosen, enge Lederstiefel. Während
einer kurzen Rast kann ich das ganz gut beobachten. Aus der

Ubatuba	Rio	Rio Bonito	Guarapari	Pedro Canário	Itapebi	Camamu	Salvador
282 km	74 km	410 km	315 km	319 km	303 km	184km	

Die Triebfeder im Tretlager

88

Entfernung betrachtet, wirken die Gauchos unnahbar. Fast regungslos thronen sie auf ihren Pferden inmitten der Herde. Jeder für sich ein kleines Reiterstandbild. Dagegen ist der Marlboro-Mann ein echtes Weichei.

Wo steckt eigentlich Traudl? „Die ist ‚echte Männer' gucken", scherzt Oli. Meine Schwester hat sich dann doch entschieden, nicht dem Charme der Gauchos zu erliegen, sondern dem alten Mann auf dem Rad die Treue zu halten. Ganz neue Gefahren, die da lauern. Unser Team wird zeitweise trotzdem gesprengt, als das Fahrzeug der Kameraleute, ein museumsreifer VW-Bus, mit gerissenem Gaszug liegenbleibt. Meine Maschine läuft dagegen wie geschmiert. In den letzten fünf von insgesamt fast 16 Stunden Fahrt sinkt das Durchschnittstempo zwar auf etwa 20, aber am Ende stehen die angepeilten 372 Kilometer im Routebook.

Im Hotel in Rio Grande dann die Nachricht, die einen unheimlichen Motivationsschub bedeutet: Von Renate erfahre ich am Telefon, daß sie mit unserer Tochter Laura nach Los Angeles kommen wird, um mich ein paar Tage auf der Nordamerika-Etappe zu begleiten. Nichts habe ich in den vergangenen Wochen mehr vermißt als meine Familie. Dazu die eigenen Vorwürfe, der zweijährigen Laura gerade in einer Phase kein Vater sein zu

können, in der Kinder mit endlosen Fragen nach dem Warum die Welt um sich begreifen lernen. Aus welchem Grund der Papa jeden Tag radfahren muß? Laura wird wahrscheinlich jedes Verständnis fehlen, und auch gegenüber einem Erwachsenen käme ich in Erklärungsnot. Das große Ziel Berlin interessiert mich im Moment, ehrlich gesagt, überhaupt nicht. Nur die Aussicht, meine

Links oben: Straße oder doch Steinbruch? Der letzte von 364 Tageskilometern zum Quartier in Sao José.

Links unten: Denkmalpflege: Eine Fassade im Kolonialstil wird neu gestrichen.

Unten: Genug Platz für Rind, Radler, Roß und Reiter – ein eher seltenes Bild auf Brasiliens viel befahrenen Hauptverkehrsadern.

Familie in Los Angeles zu treffen, verleiht Flügel. Ich nehme mir sogar vor, in Brasilien noch einen ganzen Tag hereinzufahren, um eher in den USA sein zu können. „Du strahlst ja richtig", meint Traudl bei der nächtlichen Fußmassage. „So wie Du bei den Gauchos heute!" Es ist lange her, daß ich zum Scherzen aufgelegt war.

Die Triebfeder im Tretlager

→ **4.Mai, 36. Tag**

Ein traumhafter Morgen. Nebel streut die flach einfallenden Sonnenstrahlen wie ein Weichzeichner und taucht die Weidelandschaft in warmes umhüllendes Licht. Der Tau verrät ein Heer von Spinnennetzen im hohen Gras, am Horizont zeichnen

sich die ersten Regenwaldterassen ab. Die Tropen sind nicht mehr weit.

Das Tempo vom Vortag ist heute nicht zu halten, was vor allem an meinem rechten Fuß liegt, der am äußeren Schuhrand zu schmerzen begonnen hat. Öfter als sonst steige ich vom Rad, um die empfindliche Stelle mit Eiswürfeln kühlen zu lassen. Während ich aber immer noch einigermaßen vorankomme, hat es das Kamera-Auto schon wieder voll erwischt. Diesmal sind es zwei Reifenpannen kurz hintereinander, die Chris und Christopher um Stunden zurückwerfen.

Solange die Temperaturen noch angenehm sind und ehe wir in tropisch-heiße Regionen kommen, will ich mein Tagespensum möglichst weit ausdehnen. Ich überwinde mich zu knapp 17 Stunden im Sattel und bin nach 395 Kilometern nachts um halbzehn in Osorio, einer kleinen Stadt an der Atlantikküste.

Das Chaos entfaltet sich

→ 5.Mai, 37. Tag

Nun sind sie also da, die gefürchteten Berge. Etwa 150 Kilometer vor dem Etappenziel Sao José die ersten Steigungen, der Wald rückt immer näher an die Strecke heran. Richtig tropisch ist die Vegetation allerdings noch nicht, ebensowenig das Klima. Es herrscht Hitze, aber keine Schwüle. Dafür werden die Anstiege allmählich immer verwegener. Ich muß praktisch ständig im Wiegetritt fahren, anders ist dort kein Hochkommen. In den engen, unübersichtlichen Kurven entfaltet sich jenes Verkehrschaos, das Oli prophezeit hatte. Vor allem Lkw kommen auf der falschen Straßenseite um die Ecke geschossen, als ob es ein Spaß wäre, das Schicksal herauszufordern. Überholt wird offenbar unter allen Umständen: im Blindflug auf kurvigen Anstiegen, mit quietschender Bremse auf steilen Gefällstrecken und mit Vollgas in kleinen

**Zauberhafte Buchten, Palmenkulisse:
Die Küstenlandschaft in Brasiliens Südosten
ist eine Augenweide.**

Ortschaften. Die Risikobereitschaft kennt kaum Grenzen, jedes Überholmanöver eine Hommage an den Volkshelden Ayrton Senna, der sein Rennfahrerleben bei 280 Stundenkilometern an der Begrenzungsmauer der Formel-1-Strecke von Imola ausgehaucht hat. Während zum Beispiel in Kairo noch Vorsatz und Berechnung bei den haarigen Fahrmanövern der Ägypter erkennbar waren, scheint auf Brasiliens Straßen Fahrlässigkeit Trumpf. Motto: Fahrer denkt sich nichts, Gott lenkt schon. Das gefährliche Roulette am Steuer ist im Land des Machismo natürlich reine Männersache. „Frauen fahren hier nie", weist uns ein Einheimischer nachdrücklich auf die Spielregeln hin, als er sieht, wie sich Petra hinters Lenkrad des Begleitfahrzeugs klemmt.

Während meiner Crew regelmäßig fast das Herz stehenbleibt, wenn sich auf der schmalen Straße drei Fahrzeuge gleichzeitig aneinander vorbeipressen müssen, läßt mich das Chaos ziemlich kalt. Was soll ich auch ständig in Panik verfallen, zur Vernunft

bringt das hier eh niemand. Ich konzentriere mich darauf, keine Schlenker zur Fahrbahnmitte zu machen, alles andere liegt in den Händen meines Schutzengels.

Vom Verkehr abgesehen, ist die Umgebung nur positiv zu werten. Der ständige Wechsel von Steigung und Gefälle erzeugt einen kurzweiligen Rhythmus – wohltuender Kontrast zur eher monotonen Radelei in den Tagen zuvor. Ich genieße die Abwechslung: Die bewaldete Berglandschaft zur Linken, der freie Blick aufs Meer zur Rechten. Die kilometerlangen, unberührten weißen Sandstrände sind von hier oben gut zu erkennen. Es ist einer jener Abschnitte, auf denen ich mich frage: Warum fährst Du an dem allen vorbei? Mein Zeitguthaben ist groß genug – also, warum nicht einen Abstecher zum Strand wagen und sagen: „Hier bin ich und hier bleib ich!" Wenigstens für ein paar Stunden. Sich in die Brandung stellen, aufs Meer hinausschauen und spüren, wie die Füße langsam im weichen Sand versinken...

Die Triebfeder im Tretlager

Tropisch deutsch

➡ **6. Mai, 38. Tag**

Das andere Ziel, das mich in die harten Radschuhe zwingt, behält einmal mehr die Oberhand. Im Moment weniger eine Frage des Willens, als vielmehr Macht der Gewohnheit. Meine Beine tun scheinbar wie von selbst das, was sie seit Wochen immer tun: treten. Die Maschine läuft an diesem Tag auch ohne Kopfsteuerung – vielleicht hat da schon etwas die einheimische Verkehrsmentalität abgefärbt.

Die sportliche Tagesbilanz: 364 Kilometer in gut 16 Stunden. Die Erschöpfung macht sich erst so richtig bemerkbar, wenn ich vom Rad gestiegen bin: als ob man nach Stunden der Schwerelosigkeit plötzlich wieder die volle Erdanziehung spüren würde. Die Beine bohren sich beim Stehen förmlich in den Bauch. Wie jeden Abend haben Christopher und ich dasselbe Ziel: Kraft tanken, denn der Akku ist leer. Ich verkrieche mich schnell ins Bett, Christopher hängt die wiederaufladbaren Zellen seiner Kamera an die Steckdose – sonst geht morgen gar nichts.

Länger als fünf Stunden geschlafen – fast hätte ich gedacht, es ist Sonntag. Meine innere Uhr und der Wecker der Crew haben an diesem Morgen versagt. Startzeit 5 Uhr – wir sind spät dran. In den ersten Stunden auf dem Rad dominieren Trägheit und Unlust. Nach 100 Kilometern durch nebelverhangenen tropischen Küstenwald die erste Kaffeepause. Koffeinschwaden statt Modergeruch – wunderbar.

Zur Mittagszeit kehren Chris und Christopher von einem Abstecher ins Landesinnere zurück und beknien mich, einen kleinen Umweg zu fahren und eine Rast drei Kilometer abseits der Strecke einzulegen. Da hätten sie ein ganz tolles Lokal ausfindig gemacht, das würde mir bestimmt gefallen. Was an diesem Ort so außergewöhnlich sei, will ich wissen, aber man gibt mir keine aufschlußreiche Antwort. „Nicht die übliche Speisekarte mit Reis, Fleisch und Bohnen. Laß' Dich einfach überraschen!" Also gut. Wie ich die Kameraleute kenne, wartet da wirklich etwas Abseitiges auf mich.

Der Ort, durch den wir zehn Minuten später rollen, heißt
Grünwald und das angepeilte Restaurant ebenso. Vereinzelte
Fachwerkgiebel und dann der Blick auf die Speisekarte lassen keinen Zweifel mehr zu: hier, am Rande der Tropen, ist Deutschtum
zuhause. Die überraschende Begegnung mit heimischer Architek-
tur und Eßkultur irritiert ein wenig. Seit Tagen vermitteln die
windigen Wellblechbehausungen am Wegrand einen Eindruck
von den ärmlichen Lebensverhältnissen der Bevölkerung – und
jetzt Ente mit Klößen und Blaukraut in gediegenem Ambiente:
Das muß einem schwer im Magen liegen. Die Wirtsleute, Nach-
fahren deutscher Einwanderer, sind rührend um unser leibliches
Wohl bemüht. In der Nachbarstadt Blumenau, erzählen sie stolz,
gebe es jedes Jahr ein Oktoberfest, das fast so groß sei, wie der
Karneval in Rio. Über eine Millionen Besucher... Sorry, ich kann
schon mit dem Original wenig anfangen, und bevor die Crew hier
in Bierlaune gerät, scharren die Radschuhe am Steinboden. „Oans,
zwoa, ...Aufbruch!"

Am Nachmittag folgt unsere Route nicht mehr der Küsten-
linie, sondern führt in nordwestlicher Richtung zum Etappenziel
Curitiba. Die Strecke ist weniger bergig, dafür nimmt der Feier-
abendverkehr bedrohliche Ausmaße an. Mein Schnitt liegt nur bei

mäßigen 22 Stundenkilometern, denn der ständige Motorenlärm
und das Gehupe stören den Rhythmus. Ich bin genervt – ge-
schockt sogar, als wir eine Unfallstelle passieren. Ein lebloser
Körper liegt halb auf der Straße, halb am Bankett, nicht weit
davon ein zertrümmertes Moped. Jede Menge Schaulustige,
scheinbar ungerührt. Der Unfall muß schon einige Zeit her sein,
aber niemand, der sich um den Toten kümmert, ihn von der
Straße zieht, zudeckt. Warum sind die Menschen hier so lebens-
froh auf der einen und so teilnahmslos auf der anderen Seite? Vielleicht weil niemand einen Plan hat, weder für die Suche nach
Glück, noch für den Umgang mit Unglück. Nur der Augenblick
zählt, der Rest ist Schicksal. Diese Mentalität mag wohl mit ein
Grund dafür sein, daß in einem an Bodenschätzen und Entwick-
lungschancen so reichen Land so viele Menschen in Armut leben.
Die Spontaneität der Brasilianer ist beneidenswert und beängsti-
gend zugleich – wenigstens für jemand, der es gewohnt ist, immer
mit Zielen und Plänen im Kopf herumzulaufen. Das Bild des
Unfalls geht mir den ganzen Tag nicht mehr aus dem Sinn. Nicht,
daß ich auf der Straße jetzt Angst um mein Leben hätte, aber
mulmig ist mir schon.

Am Abend im Quartier fällt das Schulterklopfen heftiger aus als sonst. Nach der heutigen 300er-Etappe ist die 10.000-Kilometer-Marke überschritten! Ich will es ja nicht beschreien, aber Oli scheint sich mit seiner pessimistischen Prognose wirklich geirrt zu haben. Außerdem entwickelt sich langsam schon wieder der Sog eines greifbaren Ziels: In drei Tagen sind wir in Rio!

Phantome vertreiben

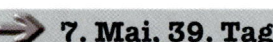 **7. Mai, 39. Tag**

Anstiege und Abfahrten werden wieder steiler, es herrscht drückende Schwüle. Mit den schwierigeren äußeren Bedingungen verstärkt sich sofort das Gefühl von Müdigkeit und die Neigung, sich Probleme einzubilden. Ist da nicht wieder der Schmerz im rechten Fuß... und am Gesäß... und in den Handballen... und im Genick? Je länger man darüber nachdenkt, umso lebendiger die

Phantome. Teilweise tauchen da Schmerzzustände im Bewußtsein auf, die Jahre zurückliegen. Erkennen die Sinne Umstände wieder, unter denen diese Beschwerden damals aufgetreten sind, läuft in irgendeiner Gehirnwindung ein Programm ab, auf das ich keinen Zugriff habe? Die entsprechende „Schmerzdatei" wird quasi von der Festplatte in den Arbeitsspeicher geladen. Es ist dann allerdings an mir, zu überprüfen, ob die Informationen meiner wirklichen Verfassung entsprechen, oder ob sie mich nur auf eine falsche Fährte bringen. Die oben angedeuteten Probleme mit Handballen und Genick zum Beispiel sind auf dieser Tour überhaupt noch nicht aufgetreten, wohl aber vor fünf Jahren beim Race Across America – in den feuchtheißen Südstaaten. Damals konnte ich kaum den Lenker greifen und meinen Kopf nicht mehr heben. Mein Blick ging 600 Kilometer lang praktisch nur nach unten. Auch jetzt ist mein Kopf gesenkt, feuchte Hitze, um mich herum alles dunkelgrün – genau wie damals in den Wäldern Alabamas...

Aber Schmerzen, Hubert, hast Du keine! Ich muß mir das in
Gedanken laut vorsagen, um mir nicht etwas einzubilden. Gesäß,
Füsse, Hände, Hals – alles o.k., wirklich kein Grund zur Besorgnis.
Die Müdigkeit in Kopf und Beinen ist dagegen Realität, aber wir
sind ja hier auch nicht auf Kaffeefahrt. Daß ich nach über 10.000
Kilometern praktisch schmerzfrei dahinrolle, ist für die zweite
Hälfte der 80-Tage-Tour überaus ermutigend. Es bestätigt auch,
daß mein Training richtig dosiert war und daß die Problemvermei-
dungsstrategien – Auswahl an Schuhwerk, eingefahrene Sättel und
Radhosen – nachhaltig Wirkung zeigen. Glück gehört natürlich
dazu, vor allem mit dem Wetter. Nicht auszudenken, wie weit ich
zurückliegen würde, wenn hier jeden Tag tropische Regengüsse
niedergingen. Und schließlich ist da noch der alles entscheidende
Faktor, die Motivation. Meine Nahziele sind gesteckt – Rio, Fami-
lientreffen in Los Angeles –, und das wirkt wie eine Triebfeder im
Tretlager. Anschub auch von außen: Oli meint, ich würde hier
durch die Berge radeln, als ob es sie gar nicht gäbe. Danke für das
Kompliment.

Für negative Eindrücke sorgt heute – wieder einmal – nur der
Straßenverkehr. Nach 320 Kilometern und 14 Stunden Fahrt ist
kurz vor unserem Etappenziel Itanhaém der Weg durch einen
kapitalen Unfall versperrt. Ein brennender Pkw steht mitten auf
der Fahrbahn, zwischen Bäumen am Straßenrand ein umgestürzter
Lkw, umringt von einem Heer Schaulustiger. Ein weiterer Truck
mit völlig zerstörtem Führerhaus hängt am Haken des Abschlepp-
wagens. Man berichtet uns von fünf Toten. Nichts wie weg hier.
Weil die Straße hinter der Unfallstelle gesperrt ist und wir einen
Umweg ins Quartier nehmen müssen, steige ich ins Begleitfahrzeug. Es dauert nicht lange, bis mich der Schlaf übermannt...

Schönste Landschaft, beste Stimmung

8. Mai, 40. Tag

Paradiesisch – zugegeben, ein arg strapaziertes Attribut. Für den
Küstenstreifen zwischen Sao Paulo und Rio de Janeiro fällt mir
aber wirklich nichts zutreffenderes ein. Endlose Strände, maleri-
sche Buchten am Fuße bewaldeter Hügelketten, die Straße
schlängelt sich in ständigem Auf und Ab an der Küste entlang.
Hinter jeder Kurve, nach jedem Anstieg wartet ein neuer grandio-
ser Ausblick. Es bleibt zwar keine Zeit, zum Strand hinunterzu-

fahren und sich unter die Sonnenanbeter zu mischen, aber die
Verlockung ist auch nicht sonderlich groß. Meeresbrise, strahlend
blauer Himmel – mir geht es im Sattel richtig gut. Keine Phantome, keine Flucht der Gedanken. Die Sinne saugen die Umgebung
auf wie ein ausgetrockneter Schwamm das Wasser. Salziger Geschmack von Schweiß und Seeluft, Blau und Grün in allen Schat-
tierungen, messerscharfe Konturen, ferne Details zum Greifen
nahe. Die Szenerie hat etwas von der irritierenden Intensität
eines fotorealistischen Gemäldes. Das war zweifellos die schönste
Etappe, seit wir in Berlin losgefahren sind. Keine Frage, es war
jeder der 10.000 Kilometer und all die Durststrecken wert, hierher
zu radeln.

Getragen von der fast euphorischen Stimmung, hänge ich am
Etappenziel Ubatuba noch 30 Kilometer dran, 287 sind es an die-
sem Tag insgesamt. Als wir mit dem Begleitfahrzeug zurück ins
Quartier unterwegs sind, stellt sich ein richtiges Glücksgefühl ein.

Kein lauter Jubel, aber stille tiefe Zufriedenheit. Die Hälfte ist geschafft! Hinter mir liegen 40 Tage und 10.854 Kilometer. Das Ziel Berlin rückt wieder ins Bewußtsein, wird langsam greifbarer. Wenn Du bis hierher gekommen bist, ist dasselbe nochmal zu packen! Es sieht gut aus für mich in dem Land, das mir zuvor soviel Angst eingejagt hat.

Gefangen, aber kein Gefängnis

➤ 9. Mai, 41. Tag

Wieder prächtige Küstenlandschaft und ein Etappenziel, das auf dem Rad keine Müdigkeit aufkommen läßt: Rio! Auch die Crew scheint jetzt schon beflügelt vom Chaos, in das wir heute abend eintauchen werden. Man bewirft sich aus den fahrenden Autos mit Obstschalen und schickt Wasser hinterher. So lautstark haben sich meine Begleiter schon lange nicht mehr bemerkbar gemacht.

Mich ereilen am Morgen gleich zwei Reifenpannen und jedesmal, als Oli zum Reparieren anrückt, habe ich das Gefühl, er tanzt im Geiste schon Samba, so locker und beschwingt sind heute seine Bewegungen. Nichts zu sehen vom behäbigen Schritt, der nach

Oben: Küstenlandschaft im Nordosten (Bahia).

Rechts: Kein Blick fürs Gotteshaus, aber Zeit für ein Stoßgebet: Bitte keinen Regen!

Stunden im Fahrersitz sonst immer angesagt ist. Verständlich, daß die Crew das Großstadtflair herbeisehnt. Ständig im Schneckentempo hinter mir herrollen, nicht aussteigen zu können, der Blick getrübt durch schmutzige Scheiben und eingerahmt von Dachholmen... „Erstens kommt Dir alles furchtbar langsam vor", sagt Oli, „und zweitens fühlst Du dich manchmal wie im Knast." Sicher, ich bin auch gefangen in meiner Radelei, aber meine Eindrücke sind intensiver, unmittelbarer, und ich kann Erschöpfung wie Glücksgefühl immer wenigstens als Ergebnis harter körperlicher Arbeit ansehen. Wenn man wochenlang nur im Auto sitzt, dann ist die Euphorie am Ziel gebremster, und die Müdigkeit kommt einem so überflüssig vor wie ein Kropf. Der Rhythmus der Crew ist wirklich nicht beneidenswert: Zur Vor- und Nachbereitung der Etappen, wenn ich noch oder schon schlafe, auf Hochtouren; dazwischen 15 Stunden lang viel Leerlauf. Ausdauer und vor allem Geduld sind da gefragt. Schließlich muß man ja auch noch mit der nicht selten schlechten Laune des Herrn Schwarz umgehen...

Wenn man uns schon alle im übertragenen Sinne in einen Knast stecken wollte, dann wäre ich der Freigänger. Aber in meinen Augen stimmt das Bild ohnehin nicht. Ich fühle mich weder an den Drahtesel gekettet, noch sehe ich es als Strafe an, jeden Tag in die Pedale treten zu müssen. Radfahren ist meine Freiheit. Umso mehr, je exotischer das Terrain, je schwieriger die Etappen. Nichts und niemand zwingt mich, im Sattel zu bleiben. Es ist allein meine Entscheidung.

Auf einer Bergpassage hinter Angra dos Reis wird mir wieder einmal klar, welch unverschämtes Glück wir mit dem Wetter haben. Teile der Straße sind durch Erdrutsche verschüttet oder vom Regen weggeschwemmt. Lange kann das nicht zurückliegen, denn die klaffenden Wunden in der Fahrbahn sind frisch und kaum gesichert. Auch jetzt liegen Niederschläge in der Luft, aber es bleibt trocken. Die drückende Schwüle nehme ich dafür gerne in Kauf.

Vorboten der Metropole: Favelas, so heißen hier die Armensiedlungen, drängen den Regenwald immer mehr in den Hintergrund, der Verkehr wird dichter, dann zähfließend und kommt schließlich fast völlig zum Erliegen. Knapp zehn Millionen

Menschen leben in Rio und seinen Vororten, und ein guter Teil davon scheint motorisiert zu sein. Ich habe mich auf zwei Rädern viel weiter in dieses Chaos hineingewagt, als es die Regel – Absteigen am Stadtrand – verlangt. Der Verkehr büßt viel von seinem Schrecken ein, wenn man sich als Radfahrer in der stokkenden Blechlawine an den Autos vorbeischlängeln kann. Nur das Begleitfahrzeug kommt da nicht mehr mit, und so ist nach 282 Kilometern die Etappe gegen 19 Uhr zu Ende.

Den Kameraleuten, die mich zum Sonnenuntergang noch auf den Zuckerhut schleifen wollen, gebe ich einen Korb. Viel zu müde, um den Ausblick genießen zu können und vor allem keinen Nerv für Posing. Copacabana und Lichtermeer vor meinem geistigen Auge reichen völlig zur Erkenntnis: Es ist gut, hier zu sein.

Mit allen Wassern gewaschen

→ 10. Mai, 42. Tag

Einmal ein ganz anderes Problem: Petra ist am Vormittag losgezogen, um für die ganze Mannschaft Wäsche zu waschen, meine

Radklamotten eingeschlossen. Salons für diesen Zweck gibt es hier viele, nur sind die offenbar weit im voraus ausgebucht. Alle Trommeln in festen Händen, wo immer unsere Klementine mit prall gefülltem Wäschesack ihr Glück auch versucht. Zu warten, bis Rios Hemden und Hosen rein sind, würde wahrscheinlich bis nächste Woche dauern. Und einstweilen im Adamskostüm Richtung Salvador zu radeln...na ja. Am Ende bleibt mir diese Peinlichkeit erfreulicherweise erspart, weil Petra doch noch rechtzeitig zum Hauptwaschgang vorgedrungen ist: mit umgerechnet ein paar Mark Schmiergeld und jeder Menge weichgespülter Formulierungen.

Richtig einzutauchen ins pralle Leben Rios, ist bei einem halben Tag Aufenthalt natürlich unmöglich. Das Zeitbudget erlaubt gerade einmal einen kurzen Abstecher an die Copacabana, wo das Herz der Metropole schlägt. Der berühmte Strand ist nicht nur ein Dorado für Sonnenanbeter und Wasserratten, sondern gleichzeitig Laufsteg, Fitneß-Center, Fußballfeld, Kindergarten, Schulhof, Büro, Musikbühne, Restaurant... Würde ich hier leben, ich wäre wahrscheinlich nie auf die Idee gekommen, diesen perfekten kleinen Kosmos zu verlassen und in 80 Tagen um die Welt zu radeln.

Am Strand sind wir verabredet mit Fernanda Keller, einer der bekanntesten Triathletinnen Brasiliens, die mich auf dem Rad zu einem Besuch im Ronald McDonald Kinderhaus begleitet. Der Empfang dort ist großartig, meiner Tour bringt man wohltuend viel Symphatie entgegen. Umgekehrt geht mir die Begegnung mit den von Krankheit gezeichneten Kleinen ziemlich ans Herz. Es tut ganz gut, daran erinnert zu werden, wie froh ich sein kann, meine Kraft aus einem gesunden Körper zu schöpfen...

Am späten Nachmittag sitze ich wieder im Sattel. Ich will noch drei, vier Stunden fahren, denn der Plan, in Brasilien einen ganzen Tag Zeit gutzumachen und entsprechend früher meine Familie in Los Angeles zu treffen, hat nach wie vor Bestand. Das Verkehrschaos ist wieder einmal majestätisch, und, Helm ab, unsere Kameracrew setzt dem Ganzen heute sogar die Krone auf. Mitten auf der Brücke über die Baia de Guanabara bleiben die Herrschaften

ohne Sprit liegen. Würde ja zu gern miterleben, wie die Jungs ein Problem lösen, das nichts mit Belichtungsmessung und Motivausschnitt zu tun hat.

Nach 74 Kilometern beziehen wir in Rio Bonito Quartier. Für morgen habe ich mir viel vorgenommen: Die Strecke wird wieder flacher, 350 Kilometer sollten es also schon sein. Während des Aufenthalts in Rio hat sich mein Körper gut regeniert. Ich fühle mich jedenfalls stark – und dazu die frische Wäsche...

Fahren, damit es nicht regnet

 **11. Mai, 43. Tag**

Die Pampas haben uns wieder. Weite Steppe statt Regenwald, und es ist heißer geworden. Die Temperaturen klettern auf etwa 35 Grad. Zum Glück weht seit unserem Start um 4.45 Uhr Rückenwind, der am Nachmittag sogar noch auffrischt. Dem Frieden ist aber nicht zu trauen, denn am Horizont steht eine Schlechtwetterfront. Ich gönne mir nur zwei Pausen: 15 Minuten am Morgen, mittags eine halbe Stunde. Der Rest ist Radfahren. Ich spüre, daß ich in den Bergen doch viel Substanz gelassen habe. Die lockere kurze Etappe gestern war trügerisch. Trotz Rückenwind liegt mein Schnitt nur wenig über 26 Stundenkilometern, auf die Pedale kommt kaum Druck. Ich krame immer wieder die Gedanken an Renate und Laura hervor, bleue mir ein, daß ich sie nur

dann einen Tag früher in die Arme schließen kann, wenn ich jetzt im Sattel bleibe und nicht der Müdigkeit nachgebe.

In der subjektiven Wahrnehmung färbt ein düsteres Element leicht auch alles andere grau. Die dunklen Wolken verheißen Regen, der meine ohnehin angegriffenen Kraftreserven bestimmt nicht schonen wird. Im fahlen Licht haben auch Menschen und Tiere eine ganz andere Ausstrahlung. Geradezu bedrohlich wirken die Plantagenarbeiter aus den Zuckerrohrfeldern, die mir zu Fuß am Straßenrand entgegenkommen. Monströse Umrisse geschulterter Macheten, Pistolengriffe, die aus Hüfthalftern ragen, Gesichtszüge, die sich im tiefbraunen Teint verlieren, zerschundene Haut auf den helleren Handflächen. Nichts von der Unbeschwertheit der Menschen, die mir in südlicheren Gefilden begegnet sind. Ins Bild passen schließlich auch die schwarzgefiederten Geier, die sich auf einem Weidezaun niedergelassen haben und demonstrativ meine Vorbeifahrt abwarten. Der grimmige Blick, den ich ihnen zugeworfen habe, wird den Krummschnäbeln schon einleuchten: Mich kriegt ihr nicht, da könnt ihr lange warten!

Die Regenfront droht weiter. Solange es trocken bleibt, fährst Du, sage ich mir. Als nach einiger Zeit immer noch kein Tropfen fällt, kehrt sich das Motto um: Solange Du fährst, bleibt es bestimmt trocken! Es regnet tatsächlich nicht, und der Nachweis meiner These bringt mich an diesem Tag immerhin 410 Kilometer weit. Nur gibt es da einen dicken Wermutstropfen, der mir erst im

Die Triebfeder im Tretlager

Quartier in Guarapari so richtig bewußt wird: Ich bin völlig ausgepowert. Über fast 16 Stunden hinweg war Tempo 26 doch zuviel des Guten. Nur gut, daß mich im Bett so schnell die Müdigkeit übermannt – keine Chance, ins Grübeln zu kommen.

Runter von der Straße!

12. Mai, 44. Tag

Schwere Beine, ultraschwere Beine. Wenn man mich jetzt in einen Fluß werfen würde, bräuchte es keinen Stein an den Füßen, um zu ertrinken. Mit Ach und Krach schleppe ich mich zur ersten Rast nach zwei Stunden. Ich will unbedingt Renate anrufen, immerhin ist Muttertag. Stefan kundschaftet ein Telefon aus. Schlechte Leitung, wenig Worte. Ich bringe kaum ganze Sätze hervor, weil mir eigentlich zum Heulen zumute ist. Alles scheint plötzlich unerreichbar. Salvador, Los Angeles, Berlin – wie willst Du in dieser Verfassung dort jemals ankommen? Ich glaube, die Crew registriert gar nicht meine Verzweiflung, weil ich selten aus mir herausgehe, weder in guten, noch in schlechten Phasen. Helfen könnten sie mir ohnehin wenig, ich muß mich da selber rausziehen. Der erste Schritt ist, schnellstmöglich wieder aufs Rad zu steigen. Fahren, fahren, fahren. Muß ja nicht Tempo bolzen –

Rad extrem

Hauptsache, es entwickelt sich ein Rhythmus. Das Selbstvertrauen kommt dann langsam von alleine wieder. Sehr langsam, heute. Erst nach vier, fünf Stunden Fahrt sieht die Welt wieder etwas freundlicher aus. Mein Tempo ist für die Umstände ganz ordentlich (22er Schnitt), aber aus den Beinen kommt immer noch kein rechter Schub, und ich muß mich damit abfinden, daß es heute einfach nicht schneller geht. Ausnahmsweise ein ganze Stunde Mittagsrast, um Kräfte zu schonen.

Aufregung erst wieder bei Kilometer 250: Ein übereifriger Polizist will mich partout von der Straße verbannen, weil ich ein Verkehrshindernis sei. Stefan beschwichtigt den aufgeregten Wachtmeister eine ganze Viertelstunde, ehe der seinen Beschlagnahmegriff an meinem Lenker löst und von dannen zieht. „Überzeugen kannst Du hier niemand, nur überreden", sagt Stefan nach dem Palaver und grinst.

315 Kilometer zeigt der Tachometer am Ende der Etappe in Pedro Canário. Gut 14 Stunden bin ich unterwegs gewesen. Von einem richtigen „Absturz" war ich nicht weit entfernt. Meine Tour ist spätestens seit heute eine Gratwanderung, die Luft wird dünner.

„Da sind wir alle mal gespannt"

Aus dem Maschinenraum nichts Neues – die Beine kurbeln höchstens mit halber Kraft, ich bin noch langsamer unterwegs als gestern. Aus dem vorzeitigen Abflug aus Salvador wird wohl nichts werden. 750 Kilometer in zwei Tagen zu fahren, das ist bei meinem momentanen Zustand außer Reichweite. Also, Zielkorrektur: Statt eines ganzen soll es nur noch ein halber Tag Vorsprung in Salvador sein. Würde ich ohne diese neue Vorgabe dahinrollen, wäre mein mühsam erarbeitetes Zeitguthaben am Ende der Brasilien-Etappe sicher ganz aufgebraucht.

Die Route führt jetzt durch das Landesinnere Bahias, mit einem Abstand von etwa 50 Kilometern parallel zur Küste. Die Steppe ist durchzogen von vielen kleinen Flüssen mit pittoresken Brückenbauwerken. In den größeren Orten sieht man noch viel Kolonialarchitektur, meist aber in schlechtem Zustand. Daß Denkmalschutz hier an letzter Stelle kommen muß, zeigen die armseligen Siedlungen der Gegenwart. Kleine, mausgraue Betonwürfel mit Dächern aus Wellblech ducken sich an die Flanken der Hügelketten. Das einzige, was hoch in den Him-

mel ragt, sind die Rauchsäulen der Müllhalden gleich neben der Straße.

Der Crew scheint es ähnlich bescheiden zu gehen wie mir. Wenn der Van längsseits kommt, blicke ich in müde Gesichter. Die Kommunikation ist auf das Nötigste reduziert.

Wortlose Trinkflaschenwechsel, Oli beantwortet meine Fragen nach Entfernungen mit nackten Zahlen. „Wenn diese Tour vorbei ist, unternehmen wir nur noch Dinge, die Spaß machen!" Mein Beitrag zur atmosphärischen Auflockerung kommt nicht besonders gut an. „Da sind wir alle mal gespannt", gibt Oli zurück und setzt ein Lächeln auf, für das gequält gar kein Ausdruck ist.

Mein 21er Schnitt bringt mich in 15 Stunden 319 Kilometer weit bis in einen kleinen Ort namens Itapebi. Hotel finden wir keines, dafür aber eine hilfsbereite Familie, die in ihrer bescheidenen Behausung zwei Zimmer für uns freimacht. Heute abend ist einmal Oli der Star. Während ich schon unterm Moskitonetz dahindämmere, tauscht unser Modellathlet mit den hörbar entzückten Töchtern des Hauses Ohrringe. Soll noch mal einer behaupten, diese Tour würde keinen Spaß machen...

→ 14. Mai, 46. Tag

Als ob mein Akku nicht schon leer genug wäre: Nach 250 Kilometern – ich habe die Etappe fast schon abgehakt – baut sich vor mir eine tropische Berglandschaft auf, deren kräftezehrende Steigungen noch einmal mächtig ins Kontor schlagen. Ich krieche förmlich die Anstiege hoch, mein Wiegetritt ist kraftlos, und das Vorderrad folgt nicht mehr dem geraden Strich am Fahrbahnrand, sondern einer imaginären Schlangenlinie. Die Regeneration auf den kurzen Abfahrten ist minimal, obwohl ich mit keinem einzigen Tritt nachhelfe, wenn der Bock von selber rollt. Nach gut 50 Kilometern geht nichts mehr. Wir fahren ins Quartier nach Camamu, abseits der Strecke. Wenn Salvador das Ziel der 80-Tage-Tour wäre, könnte ich mich sicher noch überwinden, aber wir sind ja erst bei gut der Hälfte angelangt. Der körperlichen Erschöpfung steht die Leere im Kopf in nichts nach. Ich denke nur noch: „Morgen hast Du Brasilien überstanden."

Salvador, der „Retter"

→ 15. Mai, 47. Tag

Um 5.15 Uhr Aufbruch zur letzten Etappe. Achteinhalb Stunden und 184 Kilometer später sind wir in Itaparica, die Fähre bringt uns über die Bucht hinüber nach Salvador. Auf der Fahrt hierher noch keine Spur von Vorfreude, erst jetzt greifen positive Wahrnehmungen langsam wieder Platz. Die alte Kolonialstadt Salvador ist eine Augenweide: Verspielte, pastellfarbene Fassaden, zahllose Kirchtürme überragen das Dächermeer. Im Namen der Stadt spiegelt sich nicht nur das religiöse Erbe, auch auf meine Situation läßt er sich münzen: Salvador heißt „Retter". Länger hätte die Brasilien-Etappe wirklich nicht dauern dürfen.

Der Versuch, noch am selben Abend Plätze im Flieger nach Sao Paulo zu bekommen, bleibt erfolglos und damit auch mein Vorhaben, einen Tag früher in Mexiko zu starten. Darüber bin ich aber gar nicht mehr so unglücklich, denn ausgiebige Regeneration tut dringend Not. Die 4115 Brasilien-Kilometer haben die erwartet harten Strapazen gebracht. Ich kann freilich von Glück reden, daß es nicht noch schlimmer (Wetter!) gekommen ist. Rein zahlenmäßig betrachtet, sieht mein Restpensum machbar aus, es sind noch etwa 9500 Kilometer bis nach Berlin. Dennoch bin ich

Realist genug, um hinter die Erfolgsaussichten ein dickes Fragezeichen zu setzen. Mein Erfahrungshorizont reicht nur bis zu einer Distanz von 14.000 Kilometern (Australien-Umrundung), die in wenigen Tagen zu Buche stehen werden. Wie gut kann ich mich danach noch regenerieren, wie schnell gehen meine Reserven zur Neige? Nur eine Aussage kann ich im Moment sicher treffen: Der Wille, rechtzeitig in Berlin anzukommen, ist nach wie vor ungebrochen.

→ 16. Mai, 48. Tag

Mit etwas Abstand fällt das Brasilien-Fazit noch positiver aus. Es war zwar die bisher härteste, aber landschaftlich mit Abstand schönste Etappe. Und das Chaos, das dieses Land regiert, ist aus der Rückschau kein Ärgernis mehr, sondern eigentlich ein Gesamtkunstwerk. Stefan nimmt in diesem symphathisch-verrückten Kosmos jetzt wieder seinen angestammten Platz ein: als Besitzer einer Bananenplantage mit angeschlossener Betonfabrik, als Brötchengeber für zwei Angestellte und 13 Schwarzarbeiter...

Um 19 Uhr hebt unsere Maschine vom Flughafen Salvador ab, Ziel Sao Paulo. Von dort geht es über Los Angeles weiter nach Loreto, Mexiko.

103

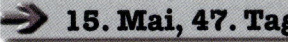

Die innere Emigration

Zur Etappe Guerrero Negro – Fairbanks

Böser Wüstenfinger

> **17. Mai, 49. Tag**

Über dem Golf von Kalifornien holt der Pilot aus zum Landeanflug auf Loreto. In der Schräglage fällt der Blick durchs Kabinenfenster unweigerlich auf das, was ein paar tausend Meter unter mir liegt: Schaumkronen auf windgepeitschter See, zerklüftete Küste und braune Landmasse. Meine Luftbildauswertung ergibt eine sonnenklare Zuordnung: Das Meer ködert die Fischer, Angler und Taucher, in den Buchten schmoren die Wohlstandsbäuche amerikanischer Touristen und der Rest, der gewaltige Rest, der von hier oben verdächtig nach toter Materie aussieht – der gehört ganz allein mir: die Baja California, Mexikos Halbinsel in der Verlängerung der amerikanischen Westküste.

Genauer gesagt ist es die nördliche Hälfte des 1300 Kilometer langen Wüstenfingers, die ich in den nächsten Tagen durchqueren muß. Vor mir liegt die mit Abstand längste zusammenhängende Etappe der 80-Tage-Tour: Von Mexiko geht es über die US-Bundesstaaten Kalifornien, Oregon und Washington hoch nach Kanada; von dort durch das von Küstengebirge und Rocky Mountains gebildete Spalier weiter bis Fairbanks, Alaska. Für die laut Routebook etwa 6700 Kilometer sind 22 Etappen veranschlagt – ohne einen Tag Pause. Sollte ich im geplanten Zeitraum bis Fairbanks kommen, wäre das mehr als die halbe Miete, denn zurück in Europa könnte mich auf dem Weg von Norwegen bis ins Ziel nichts mehr stoppen. Soviel zur Psychologie. Inwieweit mein Körper da mitspielt, kann ich schlecht abschätzen. Jedenfalls war die Regeneration während des Fluges den Umständen entsprechend optimal. Je länger ich am Stück pausieren kann, umso besser. Für die bevorstehenden Etappen heißt das: Lieber das Pensum gegenüber der Routebook-Planung ausdehnen und dann zum Beispiel in Vancouver die Füße einen halben oder sogar einen ganzen Tag baumeln lassen. An den umgekehrten Fall verschwende ich keinen Gedanken, denn bei einer durchschnittlichen Etappenlänge von über 300 Kilometern hinter dem Zeitplan herzuhinken, hieße, mit einem Bein über dem Abgrund zu stehen. Ich bezweifle, daß ich das lange genug ausbalancieren könnte. Wenigstens mental muß ich festen Boden unter den Füßen haben – also, Angriff!

Es gibt nichts Schlimmeres als unfreiwillig gebremsten Tatendrang. Endloses Warten am Flugplatz, weil der mexikanische Zoll Christopher und seine Kameraausrüstung in der Mangel hat. Er ist genervt, weil es von unserer Ankunft in Mexiko nun keine bewegten Bilder gibt, ich bin genervt, weil nichts vorangeht. Schließlich sitzen wir doch im Auto, um an den eigentlichen Etappenstart ins gut 300 Kilometer entfernte Guerrero Negro zu fahren. Neu in der Crew sind mein Mitarbeiter Thomas Heß, der Krankengymnast Markus Zetlmeisl und der Texaner Bill Goodrich, ein Weggefährte aus alten Triathlon-Tagen.

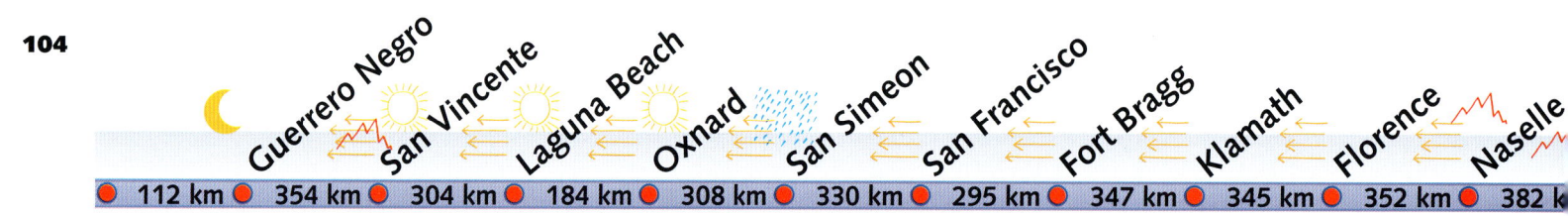

Guerrero Negro	San Vincente	Laguna Beach	Oxnard	San Simeon	San Francisco	Fort Bragg	Klamath	Florence	Naselle
112 km	354 km	304 km	184 km	308 km	330 km	295 km	347 km	345 km	352 km	382 k

Langsam beginnt sich meine Hautfarbe
der der Einheimischen anzugleichen.

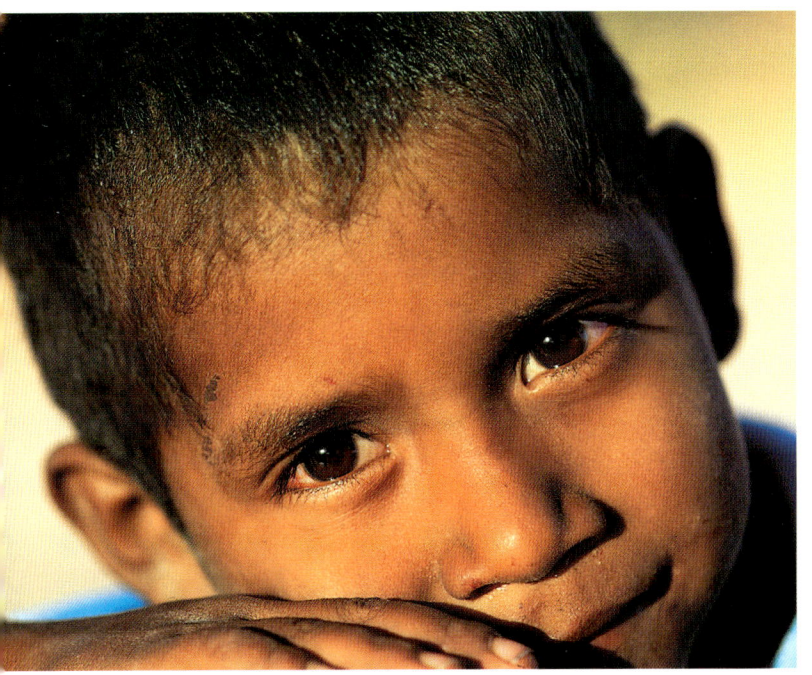

Weil wir in eklatantem Zeitverzug sind, reift während der Fahrt der Entschluß, schon etwa 100 Kilometer früher aufs Rad zu steigen, in Guerrero Negro zu übernachten und den Start der morgigen Etappe um dieselbe Distanz nach Norden zu verschieben. Im Auto sitze ich eh' nur auf glühenden Kohlen, und bevor das mein Gesäß angreift, spüre ich lieber den harten Sattel. Ab 19.30 Uhr dreht sich wieder das Kettenblatt. Bill strampelt neben mir, und uns beiden bläst ein strammer Gegenwind ins Gesicht. Was sonst! Die meterhohen Kakteen am Straßenrand nehmen's ungerührt zur Kenntnis. Vielleicht sollte ich mir auch eine dicke stachlige Haut zulegen oder wenigstens einbilden, um äußere Einflüsse mit Gleichmut zu ertragen. Gemeint ist damit nicht nur extreme Witterung, sondern auch mein menschliches Umfeld. Ich reagiere inzwischen sehr gereizt, wenn etwas nicht klappt, wie zum Beispiel heute am Flughafen. Und Bill verbreitet neben mir zwar notorisch gute Laune, aber eigentlich wäre ich jetzt lieber alleine. Gegen den Wind kämpfen wir mit ungleichen Waffen:

Bill ist taufrisch, ich habe über 12.000 Kilometer in den Beinen. Er meint's nur gut, und doch macht mich seine Solidarität fast rasend. Den Mut, meinem texanischen Freund reinen Wein einzuschenken, habe ich nicht. Wer kann sich schon in meine Lage versetzen...?

Eine halbe Stunde nach Mitternacht sind wir im Quartier. 112 Kilometer für's erste. Noch zwei Tage bis zum Wiedersehen mit meiner Familie. Ein greifbares Ziel und in diesen Tagen auch das weitaus lohnendste.

➡ 18. Mai, 50. Tag

Wo ich bin, ist Gegenwind. Wieder spielt das himmlische Kind den frechen Max, zerrt fast zehn Stunden lang an meinem Trikot und liegt mir mit seinem heiseren Gesäusel im Ohr. Nur in den frühen Morgenstunden und nach Sonnenuntergang komme ich

ngeles Whistler 100 Mile House Prince George Smithers Meziadin Jct. Dease Lake Swift River Whitehorse Pine Valley Dot Lake Fairbanks

km ● 350 km ● 349 km ● 395 km ● 316 km ● 341 km ● 370 km ● 338 km ● 338 km ● 343 km ● 270 km ●

Die innere Emigration

Das Ziel muß im Kopf sein, denn der Horizont
verheißt nur Unendlichkeit.

einigermaßen unbehelligt voran. Dafür sind die Straßen vom ersten bis zum letzten Kilometer so schlecht wie nie zuvor auf dieser Tour. Rauher Asphalt, von tiefen Schlaglöchern durchsetzt; die Fahrbahndecke so hoch über dem – unbefestigten – Bankett, daß eine Flucht auf den Seitenstreifen vor herandonnernden Lkw (auch die gibt es in Mexiko zur Genüge!) praktisch unmöglich ist. Je länger ich über dem Lenker kauere, je stärker die Füße sich in die Pedale krallen, umso mehr scheint die Welt um mich herum aus den Fugen zu geraten: die Straße, die zur Kraterlandschaft mutiert, der Wind, der Wolken von Staub, Papier und Plastiktüten vor sich hertreibt, die Einheimischen, die mit Tüchern vor Mund und Nase herumlaufen wie Statisten in einem Katastrophenfilm,

und schließlich Bill, der mein Hinterrad touchiert, die Kontrolle über seinen Drahtesel verliert und den unvermeidlichen Sturz mit bloßen Handflächen auf steinigem Untergrund abfängt. Solches Unglück haben wir gut im Griff: Mullbinden und Desinfektionsmittel sind schließlich noch reichlich vorhanden, weil mir so ein Mißgeschick während 13.000 Kilometern nicht passiert ist. Kaum verarztet, sitzt mein Freund auch schon wieder im Sattel. Sein Ehrgeiz sprüht Funken, denn im Herbst will Bill zum wiederholten Male beim berühmten Ironman-Triathlon auf Hawaii an den Start gehen. Die Linie, die der Texaner fährt, ist wie mit dem Lineal gezogen, meine dagegen immer leicht dauergewellt. Keine Frage, Bill hat die bessere Technik. Spult neben mir mit aufreizend rundem Tritt die Kilometer ab, als käme der Wind von hinten. Soviel Leichtigkeit ist nicht einfach zu ertragen, wenn man sich selber quälen muß. Irgendwann am Spätnachmittag, nach vielleicht 280 Kilometern, gehen bei Bill dann urplötzlich die Lichter aus. „I have to stop", sagt er, zieht die Bremse, steigt ab und um.

Ich lasse mich kurz darauf zum Begleitfahrzeug zurückfallen und will wissen, warum mein Begleiter so abrupt die Segel gestrichen hat. „Völlig platt", meint Thomas. Mit angezogenen Beinen und apathischem Blick auf dem Rücksitz liegend, macht Bill tatsächlich nicht mehr den Eindruck, als ob er heute außer Zähne-

putzen noch irgendetwas zustandebrächte. Wer den Schaden hat, spottet eben jeder Beschreibung. Im Ernst: Eigentlich muß ich Bill dankbar sein, daß er sich bei diesen schwierigen Bedingungen eine Blöße gegeben hat. Denn mein Selbstvertrauen wird dadurch nur beflügelt.

Um 22.30 Uhr geht nach fast 17 Stunden Fahrt ein langer anstrengender Tag im Sattel zu Ende. Bei der Zielankunft in San Vincente liegen 354 Kilometer hinter uns. Spurlos sind die Strapazen aber auch an mir nicht vorübergegangen: Meine Knöchel schmerzen. Markus diagnostiziert überstreckte seitliche Bänder, die von der verkürzten, weil einseitig belasteten Muskulatur

herrühren. Die allabendliche Massage wird ab sofort um einige gezielte Dehnübungen erweitert.

Eine Irrfahrt mit Happy End

19. Mai, 51. Tag

Gegenwind wie gehabt. Dazu eine Kette von Irrtümern und doch ein Happy End. Der Tag hat es in sich. Aber der Reihe nach.

Bei der ersten Rast nach 90 Kilometern in Ensenada will ich von der Crew wissen, welches Streckenprofil mich in den näch-

110

sten Stunden erwartet. „Hügelig", meint Thomas, der mit Bill und Markus unsere beiden Fahrzeuge von Los Angeles nach Loreto überführt hatte. Ich stelle mich also ein auf sanfte Steigungen und leichtes Gefälle. Dieser Rhythmus taugt mir hier ganz besonders, weil er der felsigen Wüstenlandschaft etwas von ihrer Monotonie nimmt. Hinter Ensenada steigt die Straße tatsächlich an, läuft aber unübersehbar auf ein mittleres Gebirge zu. Entweder tauche ich jetzt bald in einen Tunnel, oder meine Begleiter

hatten Tomaten auf den Augen, als sie die Strecke vorher abgefahren sind. Das ist längst kein Hügel mehr, den ich da erklimme, sondern ein ausgewachsener Paß! Thomas gibt mir auf Nachfrage zu verstehen, sie seien auf der Herfahrt weiter westlich über die Autobahn gekommen...

Mich ärgert nicht die Tatsache, daß ich diese Route fahren muß, sondern daß sie wider Erwarten so schwer ist. Hätte man mir

Links:
Auch bei Schlechtwetter ein imposanter
Anblick: Big Sur, das Küstengebirge zwischen
Los Angeles und San Francisco.

Unten:
In besten Händen: Markus´ Massagekünste
sind hervorragend.

Bei der mühsamen Kletterei im Wiegetritt fließt der Schweiß
in Strömen. Der Gegenwind ist zwar eingeschlafen, aber dafür
brennt die Sonne vom wolkenlosen Himmel. 40 Grad im Schatten
muß es mindestens haben. Es bleibt natürlich nicht bei einem
Paß: Zwei müssen es auf dem Weg zur Küste schon sein.

An der Grenze in Tijuana, nach gut 200 Kilometern, dann der
nächste Schock: Verteilt über acht Spuren, wartet ein Heer von
amerikanischen Wochenendurlaubern mit laufenden Motoren und
Klimaanlagen auf Abfertigung. Es gibt keinen schlechteren Zeitpunkt als Sonntagnachmittag, um an diesem Ort nach Kalifornien
einreisen zu wollen. Die Warterei ist zum Aus-der-Haut-fahren.
Das einzige, was sich hier schneller als im Zeitlupentempo
bewegt, sind die fliegenden Händler. Innerhalb von zehn Minuten
bin auch ich mit dem gesamten Sortiment von Kokosnußscheiben
über Sombreros, Gitarren und Heiligenfiguren bis hin zur aufblas-

eine Paßstrecke angekündigt, wäre ich klaglos hinaufgestrampelt.
Je mehr Kilometer ich in den Beinen habe, umso empfindlicher
reagiere ich auf solche – vermeidbaren – Fehlinformationen. Ver-
läßliche Streckenbeschreibungen und Kilometerangaben sind für
mich oft die einzigen Anhaltspunkte, um eine lange Distanz greif-
bar zu machen und sie mir einteilen zu können. Wenn diese Angaben nicht stimmen, ist das, als ob man mir den Boden unter den
Füßen wegziehen würde.

baren Mickey Mouse vertraut, aber so richtig überzeugt hat mich
nichts. Will arbeiten, nicht kaufen.

Schließlich reißt mir der Geduldsfaden. Bill und ich, wir lassen
die Crew im Stau zurück, schlängeln uns an den Karossen vorbei,
passieren die Grenze und begeben uns auf die wahrhaft verschlun-
genen Pfade San Diegos. Da Bill die Route erst vor drei Tagen
abgefahren ist, folge ich blind seinen richtungsweisenden Ent-

Die innere Emigration

scheidungen. Erst als wir im Begriff sind, die Auffahrt zu einem achtspurigen Freeway zu nehmen, kommen mir doch Zweifel. Wer sich hier mit Pedalkraft unter den Verkehr mischt, landet im Knast, wenn nicht sogar auf dem elektrischen Stuhl. Zwischen Bill und mir herrscht in der Beurteilung der verfahrenen Lage alsbald völlige Übereinstimmung. Nur – wie geht's weiter? In unsere fieberhaften Überlegungen platzt die überraschende Ankunft von Thomas, Chris und Christopher. Was mir einfiele, einfach loszufahren, faucht Thomas, seit einer halben Stunde würden sie uns schon suchen, und außerdem irre Markus mit dem Begleitfahrzeug irgendwo umher, weil wir uns nicht an die vorgegebene Routen halten könnten... Mir platzt bei dieser Ansprache natürlich der Kragen, und dann geht es ein paar Sätze lang so laut her, daß sie uns auch wegen öffentlicher Ruhestörung drankriegen könnten.

Während Thomas und ich dann schnell zur Tagesordnung übergehen, ist Bills Nervenkostüm doch etwas angegriffen. Als wir wieder auf die richtige Route zurückgefunden haben, meldet sich unser Texaner beim Fahrzeug der Kameracrew mit dem Hinweis, er brauche jetzt auf der Stelle etwas zu trinken, sonst würde er sterben. „Oh, darf ich das filmen?", fragt Christopher im Scherz, den Bill allerdings der üblen Sorte zurechnet und so für den Rest des Tages den Kontakt zu den Medien völlig abbricht.

Hinter San Diego stoßen wir schließlich wieder auf Markus und das Begleitfahrzeug. Die wichtigste Begegnung dieser 304

Kilometer langen Etappe aber wartet kurz vor dem Tagesziel Laguna Beach, einem Vorort von Los Angeles. Renate und Laura sind mir ein Stück entgegengefahren, und das Wiedersehen mit meiner Familie ist für mich das bewegendste Erlebnis, seit ich in Berlin gestartet bin.

„Cruising" in Los Angeles

➡ **20. Mai, 52. Tag**

Der Vormittag gehört der Familie. Renate meint, ich hätte einen derart unruhigen Schlaf, als ob ich auch im Bett noch radfahren würde. Vielleicht ist das der Grund, warum ich mich auf den ersten 50 Kilometern am Morgen immer wie gerädert fühle.

Die Crew nutzt die halbtägige Pause, um am Begleitfahrzeug defekte Bremsbeläge reparieren zu lassen. Aufbruch um 12.45 Uhr. Heute steht die Durchquerung von Los Angeles an, wegen der vielen Ampeln weitgehend eine Stop-and-go-Angelegenheit, die viel Zeit, aber wenig Anstrengung kostet. Mir bleibt gar nichts anderes übrig, als mich dem Rhythmus anzupassen, der von Huntington Beach über Venice bis Santa Monica die Boulevards regiert. Man nennt das hier „cruising": locker dahinrollen, das Treiben in den Straßencafés beobachten und über die perfekten Bodies des Strandpublikums staunen, das kollektiv den Stars der Körperkult-Serie „Baywatch" nacheifert. Weil in Los Angeles auch das Race Across America gestartet wird, ist mir die Umgebung

Strammer Wind aus Nordwest: Was dem Surfer zu höchsten Glücksgefühlen verhilft, treibt den Radfahrer an den Rand der Verzweiflung.

bestens vertraut. Ein echtes Heimspiel. Der erste Sturz der gesamten Tour, der mich an diesem Tag ereilt und eine üble Schürfwunde am Knie hinterläßt, hat aber nichts mit der Ablenkung durch schöne Körper zu tun, sondern mit einer weitaus größeren Attraktion: einem Stuck Käsekuchen.

Laura hält meine Leibspeise in den Fahrtwind. Bei dem Versuch, davon abzubeißen, stoße ich mit dem Lenker ans Fahrzeug, verliere das Gleichgewicht und lande unsanft am Gehsteig.

Als wir nach etwa fünf Stunden und 120 Kilometern Fahrt in Santa Monica das gröbste Großstadtgewühl hinter uns haben, kommt endlich wieder Gegenwind auf. Zu einfach dürfen die restlichen 64 Kilometer bis nach Oxnard nun wirklich nicht werden.

➤ 21. Mai, 53. Tag

Ein lausiger Morgen: empfindlich kühl, der Wind kommt aus Nordwest und bläst mir direkt ins Gesicht. Es ist zu befürchten, daß ich auf den gut 2000 Kilometern bis Vancouver mit dem Gegenwind leben muß, weil die Route meist direkt an der Küste entlangführt. Um meinen Kräftehaushalt könnte es bald ebenso schlecht bestellt sein wie um den Etat unseres Bundesfinanz-

ministers. Nur kann ich keine fremden Quellen anzapfen. Entweder reichen meine eigenen Mittel aus oder es stehen eben alle Räder still. Noch kann ich mich auf meinen Körper verlassen, der die Trittfrequenz bei schwierigen äußeren Bedingungen selber herunterregelt, um übermäßige Erschöpfungszustände zu vermeiden. Im Moment bedeutet das immerhin noch einen Schnitt von 23 Stundenkilometern. Kritisch wird es erst, wenn ich diesen automatischen Regelkreis bewußt unterbreche und meinen Beinen ein höheres Tempo oder längere Distanzen diktieren muß, um im Zeitplan zu bleiben. Das ist dann reine Willenssache, getragen von der Hoffnung, daß der Körper genügend Reserven hat. Zum Glück gibt es auch noch Ereignisse, die von dieser Problematik ablenken: Wenn Laura aus dem Begleitfahrzeug zu mir herüberlacht, dann fühle ich mich für ein paar Minuten in eine andere Welt versetzt. Es ist aber eine ziemlich einseitige Vater-Tochter-Beziehung. Im Quartier bin ich einfach viel zu erschöpft, um Laura auch nur annähernd die Aufmerksamkeit zu schenken, die sie braucht.

Nach 308 Kilometern im Gegenwind ist das Etappenziel San Simeon erreicht. „Wie fühlst Du Dich?", will Renate wissen. „Leer." Mehr gibt es nicht zu sagen.

Die innere Emigration

Ein Schnäppchen am Wegrand

Die Befürchtung, bei anhaltendem Gegenwind mein angepeiltes Tagespensum nicht schaffen zu können, treibt mich schon um 4.15 Uhr wieder aufs Rad. Es ist stürmisch, kalt und regnerisch, Wolkenfetzen hängen in den Klippen von Big Sur. Der Küstenabschnitt mit steilen Felsabbrüchen, unzugänglichen Buchten und sanft gekrümmten Bergrücken im Hinterland büßt auch bei Schlechtwetter nichts von seiner Faszination ein. 100 Kilometer, die vorübergehend aus dem Jammertal führen.

Am Nachmittag verbannt uns eine Polizeistreife vom inzwischen vierspurigen Highway.

„It's against the law", lautet die knappe Begründung, und da kennt der amerikanische Cop keinen Verhandlungsspielraum – ganz im Gegensatz zu seinen ägyptischen und brasilianischen Amtsbrüdern. Ich steige also für ein paar Kilometer ins Begleitfahrzeug und setze dann auf einer Nebenstraße meine Etappe fort. Der Gegenwind ist hinter Santa Cruz so stark geworden, daß mein Schnitt bis auf 17 Stundenkilometer sinkt. Es wird wohl sehr spät werden, bis ich die Lichter meines Etappenziels San Francisco sehe.

Auf dem Weg dorthin kommen wir durch einen kleinen Ort mit dem Namen „Harmony". „Town for sale", heißt es auf einem großen Schild – das ganze Ensemble aus acht Holzhäusern steht zum Verkauf. Und zwei Interessenten haben sich auch schon gefunden, denn ich erkenne im Vorbeifahren das Auto von Chris und Christopher vor der Dorfkneipe. Die Kameraden werden

doch hier nicht seßhaft werden wollen! Das Angebot sei wirklich verlockend gewesen, erzählt mir Christopher später, nur am nötigen Kleingeld habe es gefehlt. 1,3 Millionen Dollar sollte der Spaß zunächst kosten, doch zeigte sich der Makler gegenüber Christopher überaus kulant: „Für 620.000 Dollar kannst Du den Ort haben – und Du wirst Bürgermeister!" Mir wird leider nichts nachgelassen, geschweige denn geschenkt. Im Gegenteil, ich habe das Gefühl, als würde immer nur draufgesattelt: noch mehr Wind, noch mehr Kilometer. Vielleicht sollte ich doch umkehren (Rückenwind!) und in „Harmony" investieren. Da hast Du was, da bist Du was!

Der Sog, den markante Ziele wie San Francisco normalerweise entwickeln, ist buchstäblich wie weggeblasen. Ich muß mich am Ende zu jedem Kilometer zwingen. Es ist ein einziges Aufbäumen. Als ich nach über 17 Stunden und 330 Kilometern vom Rad steige, würde ich am liebsten in ein Erdloch kriechen und mit mir allein sein. Daß wir an einen Ort gekommen sind, den viele für den Inbegriff von Lebensqualität halten, berührt mich kaum. Nur das Gefühl, etwas geschafft zu haben, stellt sich langsam ein, als wir durch San Francisco und über die Golden Gate Bridge in unser Quartier nach Sausalito fahren.

Aufbäumen gegen den Wind

Pressetermin an der Golden Gate Bridge. Zwei TV-Teams sind gekommen, um live fürs Frühstücksfernsehen zu berichten. Die Reporter wollen natürlich wissen, wo ich bis jetzt überall langgefahren bin, und beim Erzählen im Zeitraffer wird mir so richtig bewußt, wie weit wir eigentlich schon gekommen sind. 14.300

Mobilität auf kalifornisch: Gegenüber Inline-Skatern und Trike-Piloten fällt der verbissene Radrennfahrer etwas aus dem Rahmen.

Kilometer liegen hinter mir, zwei Drittel der Gesamtdistanz. Die Fernsehhaushalte in der San Francisco Bay Area sollen wissen, daß mich auf den letzten 7700 Kilometern nichts mehr stoppen wird. Ein bißchen übertrieben dieser Optimismus, aber warum soll man sich vom Lebensgefühl der Kalifornier nicht anstecken lassen.

Die rauhe Wirklichkeit holt mich schnell genug wieder ein. Bill hat sich heute morgen planmäßig von unserem Troß verabschiedet, aber mein anderer Begleiter, der paradoxerweise immer in der entgegengesetzten Richtung unterwegs ist, läßt nicht locker. Die Kraft des Gegenwinds kommt heute besonders gut zur Entfaltung, weil die Route den ganzen Tag direkt an der Küste entlangführt. Eigentlich ist die weite Landschaft zauberhaft, der Blick hinaus auf den Pazifik majestätisch. Und trotzdem würde ich jetzt viel lieber einen Paß hochklettern, weil ich weiß, daß er irgendwann zu Ende ist. Aber der Gegenwind hier, der scheint nie aufzuhören.

Ankunft in Fort Bragg um 21.25 Uhr. Mehr als 295 Kilometer sind nach der morgendlichen Fernsehpause nicht drin. Ich liege zwar exakt im Zeitplan des Routebooks. Wenn der Wind aber nicht nachläßt, werden die restlichen 1400 Kilometer bis Vancouver zu einer Gewalttour. Vier Tagesetappen mit jeweils weit über 300 Kilometern stehen mir bevor. Na dann, gute Nacht.

→ 24. Mai, 56. Tag

Mein gestriger Auftritt im Frühstücksfernsehen zeigt Wirkung. In Leggett pausieren wir gegenüber einer Grundschule. Ein Lehrer kommt über die Straße, begrüßt mich namentlich. Viele seiner Schüler hätten gestern den Bericht gesehen und ob ich nicht Zeit hätte, im Pausenhof ein wenig über meine Tour zu plaudern. Wenig später bin ich umringt von etwa 100 aufmerksamen jungen Zuhörern, die wohl auch froh sind über die Abwechslung von der täglichen Routine. Das Gespräch mit den Kindern ist ähnlich motivierend wie die Interviews gestern. Gut zu wissen, daß man irgendwo Spuren hinterläßt.

Der Wind hat etwas nachgelassen, weil die Route über weite Strecken im Landesinneren verläuft. Die Natur läßt mich heute auf andere Weise spüren, daß der Mensch nur ein Zwerg und wahre Größe nicht in 80 Tagen zu erlangen ist. Gemeint sind die bis zu über hundert Meter hohen und 2000 Jahre alten Redwood-Bäume, die in der Gegend von Weott und Orick neben der Straße aufragen. Meine geduckte Haltung auf dem Rad darf man durchaus als Verbeugung vor diesem Naturwunder interpretieren.

Wieder ein 17-Stunden-Arbeitstag, der erst spät um 22 Uhr am Etappenziel Klamath zu Ende geht. Trotz des gemäßigten Windes bin ich auf den 347 Tageskilometern über einen 20er Schnitt nicht hinausgekommen.

Die Ruhe nach dem Sturm

→ 25. Mai, 57. Tag

In den Morgenstunden beginnen mich jetzt immer häufiger Selbstzweifel zu plagen. Ist bei diesem Kräfteverschleiß das Ziel Berlin noch zu erreichen? Lohnt die Schinderei überhaupt? Ein Blick zurück auf das Geleistete sagt mir: ja. Ich könnte nicht mehr in den Spiegel schauen, würde ich die 15.000 Kilometer, die hinter

Links:
Motivationsfaktor Laura: Für fünf Minuten in einer anderen Welt.

Rechts:
Erst fahren, dann reden: Im Morgengrauen unterwegs auf der Golden Gate Bridge und anschließend ein Interview fürs Frühstücksfernsehen.

mir liegen, einfach in den Wind schreiben und nach Hause fahren. Der Punkt ist erreicht, an dem die Leidensfähigkeit so groß wird, daß man bereit ist, buchstäblich bis zum Umfallen zu kämpfen. Am späten Vormittag ist auch der Gegner wieder zur Stelle, diesmal noch viel stärker als in den vergangenen Tagen. Teilweise bläst mir der Wind so heftig ins Gesicht, daß ich selbst auf leichten Gefällstrecken im Wiegetritt fahren muß, um nicht stehenzubleiben. Thomas entnimmt dem Radio-Wetterbericht, daß in Böen Windgeschwindigkeiten von bis zu 80 Stundenkilometern auftreten. Je heftiger der Widerstand, umso mehr stemme ich mich dagegen. Und je länger ich das durchhalte, umso stärker beflügelt das meinen Willen. Es ist nicht die Angst vor Stillstand, die mich treibt. Es ist vielmehr die Angst, daß dieser scharfe Wind alles aus den Angeln hebt, was ich mir mühsam aufgebaut habe. Die 80-Tage-Tour hat nicht nur eine sportliche Dimension, sondern auch eine existentielle. Das kostspielige Unternehmen wird sich nur dann rechnen, wenn ich in Berlin ankomme.

Renate und die Crew müssen mich langsam für einen Autisten halten. Anfeuerung und Schulterklopfen tun mir gut, aber nach außen gebe ich immer nur das stumme Leiden Christi ab. Vor allem abends im Quartier greift Wortlosigkeit immer häufiger um sich. Ich habe nicht mehr die Energie, um Gesprächen zu folgen oder lange Antworten zu geben. Alles reduziert sich auf das Ziel, möglichst schnell meine Ruhe zu finden. Auch nach der heutigen Etappe: 345 Kilometer in 17 Stunden und 30 Minuten, Übernachtung in Florence.

Kraftlos und ohne Orientierung

➡ **26. Mai, 58. Tag**

Lange kann die Kraft nicht mehr reichen. Wenn ich nach einer kurzen Pinkelpause wieder aufs Rad steige und mit kräftigen Tritten auf Tempo kommen will, muß ich nach ein paar Umdrehungen sofort abbrechen und die Beine strecken, weil die Muskulatur

übersäuert. Ganz behutsam ertaste ich das Limit, von richtigem Pedaldruck kann kaum mehr die Rede sein. Inzwischen registriere ich jede minimale Veränderung der Windgeschwindigkeit eher in der Muskulatur als auf der Haut. Nimmt der äußere Widerstand auch nur ein bißchen zu, ist da gleich dieses Brennen in den Oberschenkeln, das mich zwingt, einen Gang zurückzuschalten. Meine Angewohnheit, über weite Strecken mit ein und derselben Übersetzung zu fahren und zum Beispiel leichte Steigungen einfach „wegzudrücken", kann ich mir abschminken. Ich laviere mit häufigen Gangwechseln auf dem immer schmaler werdenden Grad zwischen Stillstand und muskulärer Übersäuerung.

Zwei Dinge machen mir das Leben zusätzlich schwer: Erstens ist die Strecke wieder sehr bergig geworden, zweitens hat mein Tachometer den Geist aufgegeben. Letzteres trifft mich besonders hart. Denn das ständige Jonglieren mit den Daten, die mir Kilometerzähler und Tempoanzeige lieferten, bedeutete Ablenkung und Kontrolle zugleich. Ich konnte, gestützt auch auf die Informationen aus dem Begleitfahrzeug, immer abschätzen, wann ich meine kleinen Ziele erreichen würde: den nächsten Ort, den nächsten Gipfel, die nächste Richtungsänderung. Irgendwann klammert man sich an diese Koordinaten, weil sie einem viel mehr Halt geben als das große Ganze. Der Gedanke an die Zielankunft in Berlin reicht allein nicht aus, um hier bei Gegenwind täglich mindestens 300 Kilometer voranzukommen. Viel wichtiger ist, den Überblick über die nächsten ein, zwei Stunden oder die nächsten zehn Kilometer zu haben. Dazu fehlt mir jetzt ein wesentliches Instrumentarium – Blindflug ist angesagt.

Auf den letzten 50 Kilometern der Etappe macht die Route zweimal einen Abstecher nach Osten. Aus Gegen- wird Rückenwind. Die wiederentdeckte Leichtigkeit des Radfahrens ist berauschend. Ich freue mich wie ein kleines Kind. Die Schubkraft der Naturgewalt treibt meinen Tagesschnitt noch auf gut 21 Stundenkilometer. Am Ziel in Naselle stehen weitere 352 Kilometer zu Buche.

➡ **27. Mai, 59. Tag**

Die Aussicht, morgen in Vancouver einen halben Tag ausspannen zu können, gibt den entscheidenden „Kick" für die 382 Kilometer von Naselle nach Port Angeles. Die Route umkurvt in ihrem nörd-

Während einer Rast sind wir mit deutschen Wohnmobil-Urlaubern ins Gespräch gekommen, die das gleiche Ziel haben wie ich: Fairbanks, Alaska. Dort würden wir uns in drei Wochen ja vielleicht wieder treffen, meinen sie. Drei Wochen? „Zehn Tage, länger darf ich bis Fairbanks nicht brauchen." Es geht doch nichts über das ungläubige Gesicht eines motorisierten Touristen, der mit der Vorstellung ringt, täglich 350 Kilometer radfahren zu müssen...

Vom Meer ins Gebirge

➡ 28. Mai, 60. Tag

Zur Abwechslung mal eine Bootspartie. Mit der Fähre von Port Angeles nach Victoria auf Vancouver Island – wir sind jetzt in Kanada. Nach nur 26 Kilometern heißt es in Swartz Bay schon wieder umsteigen: auf das Schiff, das uns nach Vancouver bringt. Langsam fällt die Anstrengung der vergangenen Wochen ein wenig von mir ab und ich kann den Blick auf die wunderbare Wasserwelt um mich herum genießen. Ein Bilderbuch-Archipel, in dem Jachten und kleine Segelboote kreuzen oder mit bunten Spinnakern vor dem Wind laufen – Freizeit müßte man haben.

lichen Teil den Olympic National Park, eine dicht bewaldete Mittelgebirgslandschaft, in der ich vor Gegenwind über weite Strekken geschützt bin. Dennoch ist mein Akku nach 17stündiger Fahrt wieder einmal komplett leer.

Die innere Emigration

Im wilden Norden: Briefkästen als spärliche Zeichen von Zivilisation, dann sind da nur noch Wälder, und schließlich sagt der Fuchs zwei Angsthasen (Chris und Christopher, hinter ihren Kameras verschanzt) guten Tag.

Der Eindruck, den ich in der Kürze der Zeit von Vancouver gewinnen kann, ist mehr als flüchtig. Es bleibt allenfalls die Gewißheit hängen, daß diese Stadt höchste Lebensqualität zu bieten hat: Berge, Meer und mildes Klima sind schlagkräftige Argumente, sollten mich irgendwann einmal Auswanderungsgelüste packen.

Nach einem kurzen Kinderhaus-Besuch schwinge ich mich gegen halb vier wieder auf den Sattel. Vor mir liegen noch hundert Kilometer bis Whistler in den Coast Mountains.

Die Erdrutsche, die es dort nach heftigen Regenfällen in den vergangenen Tagen gegeben hat, relativieren etwas mein Pech mit dem Gegenwind. Bulldozer haben gerade erst die Straße freigeräumt, die noch zwei Tage zuvor gesperrt war. Mein Umfeld ist jetzt geprägt von hohen Bergen, tiefgrünen Wäldern und kühleren Temperaturen.

Noch eine Veränderung: Thomas und Markus sind von Vancouver aus nach Deutschland zurückgeflogen, im Begleitfahrzeug sitzen jetzt wieder Traudl und Oli. In Whistler heißt es auch Abschied nehmen von Renate und Laura. Ihre bloße Anwesenheit war auf den schwierigen USA-Etappen eine große Motivationsstütze, und die beiden werden mir sehr fehlen. Andererseits sind es nur noch zehn Tage, dann ist die Tour so gut wie geschafft. Die letzten 2200 Kilometer von Norwegen nach Berlin – was soll da noch groß passieren?

Vom Knirschen der Kette und anderen Geräuschen

29. Mai, 61. Tag

Neue Umgebung, neuer Mut. Als wir um 4.50 Uhr aufbrechen, ist es bereits hell. Kein Wind, der an mir und meinem Drahtesel zerrt. Kühle, klare Luft und fast gespenstische Stille. Let's go. Das leise Knirschen der Kette, das Zirpen der Freilaufnabe, der knarzende Sattel – die vertrauten Geräusche klingen nah und unverfälscht, ganz anders als auf dem vielbefahrenen Küstenhighway. Nach Tagen mit gesenktem Haupt lerne ich langsam wieder den Blick nach vorne. Vor mir schneebedeckte Gipfel, an denen das Auge endlich jenen Halt findet, den es in den Weiten des Pazifiks zuletzt vergeblich gesucht hat.

Vor der langen und steilen Paßstrecke auf den Mount Currie Summit lasse ich von Oli die hinteren Ritzel wechseln, um eine kleinere Übersetzung fahren zu können. Nur kein unnötiges Risiko eingehen: Wenn ich am Berg zu schwer trete, fehlt mir am Ende der Etappe vielleicht die Kraft. Ein Paß ist immer gut für die Psyche – wenn man ihn in einem Zug hochfährt. Insofern bin ich auch nach über 16.000 Kilometern für die Sonderprüfung am Mount Currie dankbar. Auf der Paßhöhe anzukommen, ist bestimmt das größere Erfolgserlebnis, als eine Etappe im Gegenwind zu bestehen. Ich darf mich fühlen wie ein Champion von der Sohle bis zum Scheitel, wenn man so will.

Der Mount-Currie-Paß bleibt nicht die einzige Bergprüfung an diesem Tag, auch zwischen Pemberton und Lillooet sind zahlreiche Anstiege zu bewältigen. Erst östlich des Fraser Rivers

stoßen wir auf flacheres Terrain, die südlichen Ausläufer des Fraser Plateaus. Die Temperaturen liegen bei angenehmen 20 Grad, es ist windstill und ich komme gut voran. Der Schnitt liegt bei etwa 23 Stundenkilometern. Über meine Physis bin ich einmal mehr überrascht. Es ist einfach frappierend, wie gut sich mein Körper regeneriert, wenn er wie gestern einen halben Tag lang keine Leistung bringen muß.

Erst jetzt wird mir so richtig bewußt, daß ich eigentlich schon vor Tagen die Grenzen meiner bisher größten Ausdauerleistung (Australien-Umrundung) überschritten habe. Als ich vor drei Jahren nach 42 Tagen und 14.000 Kilometern in Sydney erschöpft vom Rad gestiegen bin, dachte ich: Hier ist das Limit, mehr geht nicht. Offenbar doch. Und die Genugtuung steigert sich für ein paar Momente sogar zur Euphorie: Du bist stark, du hast alles im Griff, du kannst jede Grenze, jedes Problem knacken, wenn du nur willst!

Auf den letzten 100 der 350 Tageskilometer kehrt der Respekt vor der Distanz zurück. Meine Kräfte lassen spürbar nach, und ich bin froh, als nach fünfzehneinhalb Stunden Fahrt die Etappe am 100 Mile House endet.

Störgeräusche sind heute nur aus dem Begleitfahrzeug gekommen. Die Wasserpumpe klingt so krank, daß baldigst mit ihrem Ableben gerechnet werden muß. Schon seit Mexiko füllt die Crew täglich fünf bis sechs Liter Wasser nach, um den Motor vor dem Hitzekollaps zu bewahren. Wetten, daß der Mensch länger durchhält als die Maschine?

Wer ist hier Herr im Haus?

→ 30. Mai, 62. Tag

Das Begleitfahrzeug muß tatsächlich am Vormittag in die Werkstatt, ich mache mich unterdessen mit den Kameraleuten auf den Weg. Der Cariboo Highway, auf dem wir nach Norden fahren, ist ständig leicht ansteigend, und zu allem Überfluß kommt auch noch Gegenwind auf. Es dauert deshalb nicht lange, bis ich in Kopf und Beinen müde werde. Während der Mittagsrast fallen mir sogar die Augen zu, und ich schlafe sofort so tief, daß mich Traudl nach 15 Minuten richtig wachrütteln muß. Die Landschaft ist auch längst nicht mehr so interessant wie gestern. Um uns herum Wälder und flache Tundra, die weißen Gipfel der Rockies sind in den Hintergrund getreten. Mir ist nach Streik zumute: Gebt mir meine Berge wieder, oder ich fahre hier keinen Meter mehr! Die Beine sind von solchen Parolen unbeeindruckt. Dabei könnten sich Füße, Knie und Schenkel doch auch mal für bessere Arbeitsbedingungen einsetzen! Aber trotz meiner Unlust leisten sie 16 Stunden lang Dienst nach Vorschrift. Das Treten muß sich irgendwie verselbständigt haben. Wer ist hier eigentlich Herr im Haus? Lenkt der Wille noch meinen Körper oder tut der längst von selbst das, was ihm in acht Wochen anerzogen worden ist? Ist er womöglich süchtig nach Bewegung? Etwas spricht für diese These: mein Bartwuchs. Der ist auf der Tour so kümmerlich geworden, daß ich mich höchstens noch einmal die Woche rasieren muß. Das Wachstum der Stoppeln stagniert, weil sich die Beine fast alle Energie holen, die der Körper täglich aufs Neue mobilisieren kann – um ihre Sucht zu befriedigen. Ist aus mir vielleicht ein richtiger Junkie geworden?

Wer oder was auch immer mein Handeln bestimmt: In Prince George sind abends um neun weitere 349 Kilometer auf dem Tacho. Spätestens in Berlin muß ich mir diesen Rhythmus aber wieder abgewöhnen...

Unsere Route führt nun in nordwestlicher Richtung über das Nechako Plateau nach Smithers. Bis dorthin sind es immerhin 395 Kilometer. Ich habe mir dieses Ziel in den Kopf gesetzt, denn so süchtig nach Bewegung können meine Beine gar nicht sein, daß sie diese Distanz freiwillig durchhalten. Und tatsächlich: Die Etappe fordert spätestens nach der Hälfte ein hohes Maß an Konzentration, Motivation und schließlich Überwindung. Ich teile mir die Strecke in viele kleine Zwischenziele ein, kontrolliere häufig mein Durchschnittstempo (der Tacho funktioniert wieder!), rufe mir das Geleistete – 17.000 Kilometer – immer wieder positiv in Erinnerung und betrachte die Plagerei der letzten Stunden als sinnvoll, weil ich dadurch fast hundert Kilometer Vorsprung gegenüber der Routebook-Planung herausfahre. Im Quartier in Smithers bin ich zwar leer, aber zufrieden. Begünstigt auch durch gute äußere Bedingungen – es ist angenehm warm und windstill – liegt mein Tagesschnitt bei fast 24 Stundenkilometern.

Schlecht geträumt

➡ 1. Juni, 64. Tag

Am Morgen bin ich wie gerädert: schlecht und zu kurz geschlafen, höchstens drei Stunden. Schuld war der klassische Traum von der

Die Natur gigantisch, der Mensch ein Zwerg: Kanadas Coast Mountains und ein Mammutbaum in Nordkalifornien.

Unten: Wegweisendes zum Thema Distanzen.

ausweglosen Situation: Ich fahre durch eine scheinbar endlose montone Waldlandschaft. Das Gelände ist hügelig, sodaß ich immer nur bis zur nächsten Kuppe sehen kann. Vor jedem Scheitelpunkt die Hoffnung, dahinter möge mein Ziel auftauchen. Aber es kommt nicht. Nur Bäume, Straße, Himmel. Mit der Crew gibt es keine Kommunikation, denn die Seitenfenster bleiben immer geschlossen, wenn ich mich zwischendurch zum Begleitfahrzeug zurückfallen lasse. Durch die Spiegelungen in den getonten Scheiben kann ich nicht einmal erkennen, wer am Steuer sitzt. Ich frage mich deshalb bei Holzfällern durch: Wie weit es noch ist und ob ich auf dem richtigen Weg bin – dabei gibt es ja nur diese eine Straße. Die Antworten sind immer gleich. Man deutet in Richtung Norden und sagt, mein Ziel müßte ich bald erreichen. Aber nichts dergleichen passiert. Ich fahre immer schneller und frage immer häufiger. Schließlich tauchen Chris und Christopher am Straßenrand auf. Ich halte an und erfahre von den beiden, daß wir angeblich falsch sind.

„Das kann doch nicht sein", entgegne ich panisch, und Christopher fragt hinter laufender Kamera sofort nach: „Was willst Du jetzt tun?" Antwort bekommt er keine mehr, denn ich bin aufgewacht. Nicht schweißgebadet, aber durchaus mit erhöhtem Puls.

Auch die heutige Etappe kommt wie die 63 vorherigen glücklicherweise an ein Ende, an ein traumhaftes noch dazu. Ich habe mich dem Wunsch der Kameraleute gebeugt und einen Abstecher zum Bear Glacier gemacht. Das Panorama mit Bergen, Eiszunge und Gletschersee ist einfach atemberaubend, selbst wenn der erschöpfte Organismus erhöhten Sauerstoffbedarf anmeldet.

Die innere Emigration

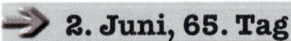
Quartier nehmen wir in Meziadin Junction. Die Tagesbilanz: 316 Kilometer in vierzehneinhalb Stunden. Kein Traum.

➡ 2. Juni, 65. Tag

Ein Tag wie aus dem Bilderbuch. Nach dem Start um 4.35 Uhr ist es zwei Stunden lang noch empfindlich kühl, dann klettern die Temperaturen mit der aufgehenden Sonne langsam auf etwa 20 Grad. Die Strecke ist eingerahmt von schneebedeckten Gipfeln und ausgedehnten Mischwäldern. Im Unterholz ist immer wieder mal ein Schwarzbär zu beobachten, der sich an den Beerensträuchern verköstigt. Himmlische Ruhe. Die Seele baumelt, obwohl ich ständig in Bewegung bin. Es sind die schönsten Bedingungen, die man sich zum Radfahren nur vorstellen kann. Selbst die

gelegentlichen Schotterpisten, die Gravel Roads, auf denen das Mountainbike zum Einsatz kommt, machen keine Probleme. Erdreich und Steine sind so stark verdichtet, daß man fast wie auf Asphalt dahinrollt. Die lange Paßstrecke nach etwa 280 Kilometern fällt mir so leicht, daß ich mit meiner euphorischen Stimmung nicht mehr hinter dem Berg halten kann. „Ich bin im Höhenrausch!", sollen Traudl und Oli wissen. So gut gelaunt haben mich meine Begleiter schon lange nicht mehr erlebt. Am Etappenziel Dease Lake hänge ich schließlich noch 20 an die gefahrenen 321 Kilometer dran.

Ein Ereignis dieses 16-Stunden-Tages verdient noch Erwähnung: Ein paar hundert Meter vor mir erkenne ich Chris und Christopher auf dem Dach ihres Autos kauernd. Sind die jetzt

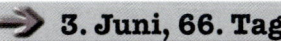

übergeschnappt? Als wir näherkommen, lüftet sich das Geheimnis. Ein hungriger junger Fuchs hält die beiden in Schach. Reineke sprintet dann prompt mir und dem Van hinterher, denn aus der offenen Schiebetür duftet es verlockend nach Eßbarem. Lange steht er die Hatz aber nicht durch, trottet zum Kamerafahrzeug zurück und hält dort noch einige Zeit die Motorhaube besetzt. „Ein klarer Fall von Wegelagerei", meint Christopher.

Dem Bären entgegenkommen

→ 3. Juni, 66. Tag

Verrückte Welt: Gestern noch alles bestens, heute wieder ein Tag voller Selbstzweifel.

Es ist diesig und kalt, der Anteil der Gravel Roads wird größer und ihr Zustand schlechter. Das ständige Rütteln drückt nicht nur aufs Tempo, es schürt auch wieder die Angst vor Schmerzen. Die langgezogenen Bergpassagen verwandeln sich unter diesen Bedingungen von einer Traumroute in einen Hindernisparcours. Und als wir nach 227 Kilometern auf den Alaska Highway abbiegen, bläst mir auch noch der Nordwestwind direkt ins Gesicht. Das Faß ist wieder einmal übergelaufen: „Kannst Du mir sagen, warum ich das hier machen muß?", frage ich Oli, aber der gähnt mich nur an, weil sich die Crew beim Billiard die eh' schon kurze Nacht fast ganz um die Ohren geschlagen hat. Der einzige Trost ist die Tatsache, daß mich nichts zwingt, hier jemals wieder mit dem Rad langzufahren, und ich schwöre mir, auch nie mehr in Versuchung zu geraten: Wenn du ihn Fairbanks ankommst, ist das schwierigste

Die innere Emigration

Nicht nur mir stecken die Strapazen in den
Knochen. Oli gähnt gleich für die ganze Crew.

Staub vom Feinsten: Das Radfahren auf den
Gravel Roads kann leicht ins Auge gehen.

Kapitel deiner Radmarathon-Laufbahn abgeschlossen. Eine Stei-
gerung wird es nicht geben. Basta. Nach 300 zähen Kilometern bei
durchschnittlich Tempo 21 verbannt mich ein Ranger für eine kurze Passage ins Begleitfahrzeug. Vor uns sei ein Grizzly-Weibchen
mit zwei Jungen im Unterholz unterwegs, und ich solle nicht das
Risiko eingehen, Mama Petz' Verfolgungsreflex auszulösen. Bei
dem Unglück, daß ich heute anziehe, hätte mich der Grizzly
bestimmt gepackt. Zum Schluß noch einmal 90 Minuten Rüttel-
piste. Am Swift River Motel, nach 370 Kilometern und siebzehn
Stunden im Sattel, fast ein Sturz, weil ich kaum mehr die Konzentration aufbringe, die Radschuhe von den Pedalen zu lösen. Gebt
mir ein Bett und laßt mir meine Ruhe.

4. Juni, 67. Tag

Meine Verfassung bessert sich kaum, eine sprichwörtlich zähe
Angelegenheit. Bis Fairbanks sind es noch fast 1300 Kilometer.
Ich kann mir noch so oft einreden, daß in vier Tagen die Nord-
amerika-Etappe zu Ende ist – alles scheint eine kleine Ewigkeit
zu dauern. Die viereinhalb Stunden bis zur Frühstückspause in
Teslin sind am schlimmsten. Ich suche in dieser Phase häufig den
Kontakt zum Begleitfahrzeug. Die Versuchung, sich an der Fahrer-
tür festzuhalten und ein bißchen ziehen zu lassen, ist groß. Ein,
zwei Mal kann ich nicht widerstehen, verwickle Oli in ein
Gespräch über die Strecke, die vor uns liegt, und greife mit den
Fingern ganz behutsam nach dem hinteren Fensterholm außerhalb des Fahrer-Blickwinkels. Oli merkt natürlich trotzdem sofort,
was los ist, wenn ich aufhöre zu treten und trotzdem nicht langsamer werde. Die Belehrung folgt auf dem Fuße: „Finger weg vom
Fensterrand!" Das ist zwar völlig korrekt, aber es trifft mich dennoch hart. Könnte Oli nicht ein bißchen mehr Verständnis haben?
Mir geht's ja soooo schlecht... Es hilft nichts: Jeden der 338 Kilometer nach Whitehorse muß ich mir in 15 Stunden und 20 Minuten selber erstrampeln.

Einer leidet solidarisch

5. Juni, 68. Tag

Die Etappe beginnt um 4.45 Uhr mit Regen, Kälte und dem
löchrigsten Straßenbelag, der mir in Kanada bisher begegnet ist.
Nach 80 Kilometern geht prompt die Befestigungsschraube des

Lenkers zu Bruch. Oli braucht zur Reparatur Spezialwerkzeug und
fährt deshalb samt Rad nach Whitehorse zurück. Ich muß einstweilen mit dem Mountainbike vorlieb nehmen, das sich lange
nicht so gut fährt. Mein etatmäßiges Geländerad ist ja auf dem
Luftweg zwischen Australien und Brasilien verschollen, und der
Ersatz, den Jörn von Deutschland nach Vancouver geschickt hat,
zwingt mich in eine ungewohnte Fahrposition. Weil der Hornlen-
ker ursprünglich viel zu tief saß, hat ihn Oli in der Not umgedreht
eingebaut, sodaß die Bremshebel jetzt nach oben abstehen. Mit so
einer Konstruktion herumgurken zu müssen, macht wahrlich keine Freude. Gerade rechtzeitig bevor es auf zwei Paßstrecken geht,
ist Oli mit dem reparierten Rennrad zurück.

Seit heute gibt es übrigens jemand, der solidarisch mit mir leidet: Christopher. Er hat sich eine Schleimbeutelentzündung im
Knie zugezogen. Auf seine so sehr geliebten Einstellungen aus
der Froschperspektive muß er jetzt erst einmal verzichten, weil
Hocke oder Bauchlage für das dick geschwollene Gelenk Gift
sind. Endlich trifft einmal nicht mich die Schuld, daß Christopher
Bilder durch die Lappen gehen, die für den Film so wichtig
wären...

Die Stimmung bessert sich fast schlagartig, als wir auf die
Ausläufer des Kluane Nationalparks stoßen. Wie auf Kommando
reißt die Bewölkung auf, und binnen Minuten ist über uns nur
noch blauer Himmel. Die Nachmittagssonne zaubert hellen Glanz
auf die Eisschollen im Lake Kluane, und in der Ferne leuchten
die weißen Gipfel der St. Elias Mountains. Endlich mal wieder ein
Argument, um sagen zu können, die Fahrt hierher hat sich wirklich gelohnt. Und endlich mal wieder ein Motivationsschub, der
auf das Tempo durchschlägt. Am Abend bin ich so gut unterwegs,
daß sich mein Tagesschnitt bei 24 Stundenkilometern (Etappenlänge: 338 Kilometer) einpendelt. Bereits um 18.30 Uhr sind wir
im Quartier in Pine Valley. Ungewöhnlich früh, aber gut für die
Regeneration.

⇒ 6. Juni, 69. Tag

In den Morgenstunden ist es so kalt, daß ich mit zwei Paar Handschuhen fahren muß. Die Kälte zehrt aus, aber aufhalten kann mich jetzt nichts mehr. Das 500 Kilometer entfernte Fairbanks entwickelt bereits die typische Anziehungskraft eines Nahziels; wahrscheinlich sogar das wichtigste der ganzen Tour. Dort ankommen heißt einen gewaltigen Schritt Richtung Berlin tun. Mit einem Bein stehe ich dann praktisch schon im Ziel. Fast akribisch teile ich mir diese vorletzte Nordamerika-Etappe in 50-Kilometer-Abschnitte ein und hake sie nacheinander ab wie ein Buchhalter. Das Gefühl, nach über 19.000 Kilometern noch alles im Griff zu haben, hebt das Selbstvertrauen ungemein.

Jenseits der Grenze zu Alaska, die wir am späten Vormittag passieren, ist die Luft rauchgeschwängert. 200 Kilometer von unserer Route entfernt hat in den vergangenen Tagen einer der schwersten Waldbrände in der Geschichte des US-Bundesstaates gewütet.

Wir erreichen das Etappenziel Dot Lake nach sechzehneinhalb Stunden und 343 Kilometern Fahrt. Die Vorfreude auf Fairbanks hat nicht nur sportliche, sondern auch ganz banale Motive. Ich kann es zum Beispiel kaum erwarten, mal wieder in eine Jeans zu schlüpfen und ein weites Hemd zu tragen.

Abschiedsgrüße vom Gegenwind

⇒ 7. Juni, 70. Tag

Wie aufmerksam: Nordamerika verabschiedet sich von mir mit jener Vorstellung, die ich in den vergangenen drei Wochen so oft und ausgiebig genossen habe. Das Stück heißt „Gegenwind", und der Inhalt braucht hier nicht noch einmal aufgewärmt zu werden. Nach 270 Kilometern fällt um 16.15 Uhr endlich der Vorhang,

mein Abonnement ist hiermit gekündigt. „Du wirst es erleben", sage ich zu Christopher, „daß mein Fahrrad in die Ecke fliegt, wenn in Norwegen kein Rückenwind weht."

Gefühlsausbrüche gibt es im Ziel in Fairbanks weder bei mir noch bei der Crew. Die Strapazen der Nordamerika-Etappe stecken uns allen viel zu sehr in den Knochen. Ich bin einfach nur froh, daß es vorbei ist. Kein Blick zurück im Zorn, keine Euphorie. Als ich im Begleitfahrzeug endlich in meine geliebte Jeans steigen darf, reicht mir das als Lohn für die geleistete Arbeit völlig aus. Wegen mir könnte die ganze Tour an diesem Ort und in diesem Rahmen zu Ende gehen. Ich sehne mich jetzt nicht nach einem großen Bahnhof. Noch am Abend treten wir die Weiterreise nach Anchorage an.

⇒ 8. Juni, 71. Tag

Mit etwas Abstand steigt die Wertigkeit des Geleisteten. Über Wochen dem Gegenwind getrotzt, fast täglich zwischen 15 und 17 Stunden im Sattel gewesen: und trotzdem stehe ich noch. Was mich nicht aus der Bahn geworfen hat, stärkt nur meinen Willen. Ich habe tatsächlich das Gefühl, daß mir alles gelingen könnte – auch außerhalb des Radfahrens. Nicht, daß mir der Sinn nach noch Extremerem oder einer zweiten Runde um die Welt stünde – die 19.560 Kilometer von Berlin bis Fairbanks reichen völlig als Nachweis der eigenen Stärke.

Mit dem Flieger geht es von Anchorage zurück über den großen Teich nach Frankfurt. Müssen die 2400 Kilometer von Norwegen nach Berlin eigentlich noch sein? Habe ich mir nicht schon genug bewiesen?

Endlich auf der Zielgeraden

Zur Etappe Bodo – Berlin

→ 9. Juni, 72. Tag

Ankunft und Übernachtung in Frankfurt. Renate stößt zur Crew, sie wird mich – neben Jörn und Markus, die schon in Norwegen sind, – auf den restlichen Etappen begleiten. Für Oli und Traudli geht die Tour in Frankfurt zu Ende. Meine Schwester hat seit dem Start über 700 Stunden im Begleitfahrzeug verbracht – eine unglaubliche Energieleistung.

Der Körper verlangt nach mehr

→ 10. Juni, 73. Tag

Jörn und Markus empfangen mich am Flughafen in Bodo mit einem monströsen Schokoladeneis. Damit ich mich an die Kälte nördlich des Polarkreises gewöhne. Dabei sind mir die äußeren Bedingungen eigentlich ziemlich egal – bis auf den Wind. Wehe, wenn der von vorne kommt! Mich fröstelt schon eher bei dem Gedanken, daß ich noch einmal über 2000 Kilometer vor mir habe. Die zwei Tage Pause nach Fairbanks waren in psychologischer Hinsicht eine große Zäsur, ich fühlte mich fast schon wie im Ziel. Umso schwerer fällt es mir jetzt, quasi noch einmal von vorne anzufangen.

Das Rad, das ich um 14.45 Uhr besteige, ist wie immer auf Hochglanz gebracht, wenn Jörn in der Crew das Sagen hat. „Das Auge fährt mi", ist er überzeugt. In der Tat kann ein bißchen Glanz auf den ersten Kilometern nicht schaden. Denn Bodo, die Hauptstadt des Bezirks Nordland, ist ein von tristen Betonbauten geprägtes Provinznest. Dasselbe Ambiente übrigens im 80 Kilometer entfernten Fauske, wo wir auf die E 6 stoßen, der unsere Route in den nächsten Tagen folgen wird.

Es wäre übertrieben zu behaupten, ich würde mich durch die neue Umgebung besonders inspiriert fühlen. Die Route bietet zwar immer wieder tolle Ausblicke auf den felsumsäumten Saltfjord, aber ich bin zu müde, um die Landschaft genießen zu können. Außerdem spüre ich doch schon wieder leichten Gegenwind...

Jörn füttert mich mit Zahlen. Das alte Spiel: Kleine Ziele setzen und die Kilometer bis dorthin abstrampeln. Die Tachoanzeige ist jetzt interessanter als alles andere. An einer ganz bestimmten Information aus Jörns Zahlenschatz habe ich etwas länger zu kauen: Norwegens Küste ist aufgrund der unzähligen Fjorde und Buchten fast genauso lang wie meine 80-Tage-Distanz – über

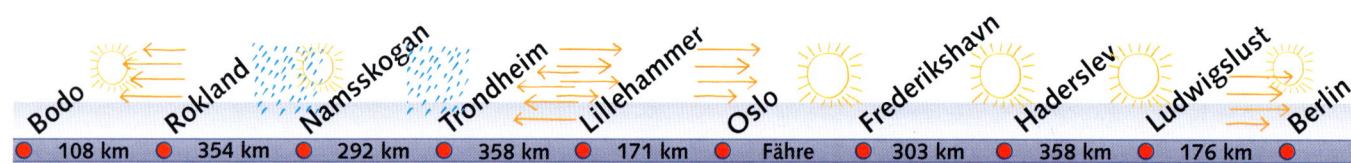

Bodo	Rokland	Namsskogan	Trondheim	Lillehammer	Oslo	Frederikshavn	Haderslev	Ludwigslust	Berlin
108 km	354 km	292 km	358 km	171 km	Fähre	303 km	358 km	176 km	

Magische Schwelle: In der baumlosen Öde
des Saltfjells überqueren wir den Polarkreis.

Endlich auf der Zielgeraden

21.000 Kilometer. Damit relativiert sich der Begriff Weltumrundung wieder etwas. Ich fahre zwar durch fünf Kontinente, und doch deckt die Route eigentlich nur einen winzigen Ausschnitt vom Globus ab.

Nach knapp fünf Stunden Fahrt und 108 Kilometern ist in Rokland erst einmal Feierabend. Offenbar bekommen mir solch kurze Etappen nicht besonders gut, denn beim Abendessen spüre ich zunächst leichte Übelkeit, und dann rast mein Puls. An der Ernährung kann's nicht liegen, denn seit heute werden die Crew und ich wieder aus dem Wohnmobil versorgt, das uns schon von Berlin nach Rom begleitet hat. Und was das Köche-Duo Peter und Peter für uns in die Pfanne haut, schmeckt vortrefflich. Die Rebellion meines Körpers kann ich mir schon eher mit der Ruhepause zwischen Fairbanks und Bodo erklären. Wenn mein austrainierter Organismus zwei Tage lang nicht richtig belastet wird, dann flippt er förmlich aus. Mit 100 Kilometern am Tag läßt er sich nicht abspeisen.

→ **11.Juni, 74. Tag**

Wir passieren den Polarkreis. Mehr als eine zweiminütige Pinkelpause ist an dieser magischen Schwelle nicht drin, und um sechs Uhr morgens hat auch der Touristentempel unweit der Straße noch geschlossen, an dem man ein Polarzirkelzertifikat erstehen könnte. Zum Verweilen lädt dieser Ort ohnehin nicht ein. Baumlose, felsige Öde, das Terrain von kleinen Schneefeldern überzogen. Es ist regnerisch und kühl.

Die Atmosphäre schlägt aufs Gemüt, dafür hat sich mein Puls längst wieder auf vernünftigem Niveau eingependelt. Immerhin ist heute der Organismus auf über 300 Kilometern ordentlich gefordert. Nach Jörns Angaben sind es genau 340, aber als diese Zahl auf meinem Tacho erscheint, ist das Ziel Namsskogan noch nicht in Sichtweite. Die 14 Kilometer, die ich schließlich noch fahren muß, sehen zwar läppisch aus, bringen mich aber doch in Rage. Mein Kopf war programmiert auf die Zahl 340, und mit jedem Kilometer, der darüber hinausgeht, potenziert sich nach über 16 Stunden im Sattel meine Verärgerung. Dazu kommt, daß ich in Gedanken eigentlich schon im Ziel in Berlin bin, daß meine Beine aber immer noch treten und meine Hände immer noch den Lenker umklammern müssen. Fast eine schizophrene Situation. Alles, was das Ziel gefühlsmäßig in weitere Ferne rückt, und wenn es nur diese 14 Kilometer sind, ist umso schädlicher für die Psyche, je deutlicher das Ende der Tour absehbar ist.

Links: Die Weite der alpinen Tundra verstärkt nicht gerade den Eindruck, daß ich meinem Etappenziel langsam näherkomme.

Rechts: Augen zu und durch: Sich den Moschusochsen zum Vorbild nehmen.

 12. Juni, 75. Tag

Renate meinte heute morgen, an mir sei kein Gramm Fett mehr dran. Ihre Bemerkung hatte einen etwas zynischen Unterton, so daß ich nicht recht weiß, ob ich das als Kompliment auffassen soll. Eigentlich hatte ich ja noch nie den Eindruck, überflüssige Pfunde mit mir herumzuschleppen. Aber es stimmt schon: Meine Haut fühlt sich vor allem an den Beinen ledrig an, und darunter sind die einzelnen Muskeln viel klarer definiert als zu Beginn der Tour. Ob damit körperkulturell etwas gewonnen ist, sei dahingestellt. Jedenfalls sorgt die einseitige Belastung der Muskulatur nicht nur für schöne Formen, sondern auch für überdehnte Bänder. Die Schmerzen, die deshalb bereits in Nordamerika am rechten Knöchel aufgetreten sind, haben sich wieder zurückgemeldet. Ein Tapeverband am Fuß soll helfen, das Problem in den Griff zu bekommen. Im Grunde tausche ich nur eine Behinderung gegen die andere, denn Gehen kann man mit dem Verband nicht mehr richtig. Aber das hab' ich eh' fast schon verlernt.

An Kontrasten ist heute einiges geboten. Die 292 Kilometer lange Route nach Trondheim führt vorbei an hohen Bergen, imposanten Wasserfällen, tiefen Wäldern und romantischen Fjordlandschaften. Sonnenschein wechselt sich ab mit Regen, der Wind bläst mal von vorne, mal von hinten. Entsprechend schwankend ist mein Tempo. 15 Stunden zwischen Himmel und Hölle. Schiebt

Endlich auf der Zielgeraden

und dadurch wären die Abweichungen erklärbar. Vielleicht ist es auch nur mein Tacho, der falsch anzeigt. Ich bin jedenfalls nicht mehr in der Lage, diese Umstände mit Gleichmut zu ertragen, und ich brauche jemand, an dem ich meinen Frust abreagieren kann. Jörn ist dafür aber keine gute Adresse, weil er meinen Attacken – „Eine schlampige Planung ist das!" – mit stoischer Ruhe begegnet. Das bringt mich innerlich nur noch mehr auf die Palme.

Auf den letzten 30 Kilometern des Anstiegs habe ich mit Gegenwind zu kämpfen. Mir schwant Schlimmstes. Noch bin ich durch den Wald einigermaßen geschützt, aber auf der baumlosen Hochfläche dürfte der äußere Widerstand stärker werden. Erstaunlicherweise tritt genau das Gegenteil ein. Der Wind dreht und kommt jetzt mit Macht von hinten. Nicht zu fassen: Es rollt tatsächlich wie von selbst. Höchstes Glücksgefühl! Es gibt nicht Schöneres als diese Leichtigkeit zu spüren. Die Beine kurbeln ohne nennenswerten Druck, und doch bin ich über 30 Stundenkilometer schnell. Gegen diese Art radzufahren ist Fliegen ein Kraftakt. Binnen Minuten bin ich wieder mit allem versöhnt. Jörn und Markus grinsen aus dem Begleitfahrzeug zu mir herüber, ich grinse zurück. Der Rückenwind treibt mich hinunter ins tief eingeschnittene Gudbrandsdal, vorbei an steilen Bergflanken und tosenden Wasserfällen, hinaus aufs weite Bauernland zum Etappenziel Lillehammer. Unter solchen Umständen braucht der Kopf kein Ziel. Ich genieße es, mich treiben zu lassen. Nach 358 Kilometern und über 16 Stunden Fahrt geht die Etappe zu Ende. Schade fast.

mich der Wind an, ist die Welt in Ordnung, kommt er aus der entgegengesetzten Richtung, verflüchtigt sich jede Motivation. Dieses Wechselbad drückt meinen Tagesschnitt auf 19 Stundenkilometer. Ankommen in Trondheim, irgendwie. Nur das zählt. Während der letzten zwei Stunden permanent Regen und Gegenwind. Meine Klamotten sind klamm, die Beine leer. Warum muß das Ende meiner Tour nur so schwer sein?

Das muß belohnt werden

13. Juni, 76. Tag

Die heutige Etappe beginnt so, wie die gestrige aufgehört hat: mit Regen und Gegenwind. Der etwa 160 Kilometer lange Anstieg auf das Dovrefjell, eine baumlose, von kleinen Seen durchzogene Hochmoorlandschaft, verläuft schleppend. Ich bin gereizt, weil wieder einmal die Kilometerangaben im Routebook mit den wirklichen Entfernungen nicht übereinstimmen. Die Distanzen von Ort zu Ort sind immer einen Tick länger als angekündigt. Selbst wenn der Unterschied nur einen einzigen Kilometer beträgt, bringt mich das schon aus der Fassung. Jörn kriegt den ganzen Ärger ab, obwohl er für mein Dilemma ja kaum verantwortlich zu machen ist. Er hat die Route anhand von Kartenmaterial geplant,

14. Juni, 77. Tag

Nur 171 Kilometer heute. Der Tag ist bestimmt von Vorfreude auf die Ankunft in Berlin.

Meine Gedanken kreisen um die Zieldurchfahrt am Brandenburger Tor. Ich sehe eine klatschende Menge, drängelnde Fotografen und – ganz groß – Lauras Lachen. Die Sehnsucht nach meiner Tochter und nach Beifall für das Geleistete erzeugt immer wieder die gleichen Bilder im Kopf. Und ich höre mich im verschwitzten Trikot bedeutungsschwere Reden schwingen: wie schön, wie einmalig alles war, trotz der Strapazen, wie dankbar ich bin...

Das Kribbeln, das diese Sentimentalitäten in der Magengegend erzeugen, macht auch Appetit; nicht auf das, was die Crew für mich vorrätig hat – Energieriegel und Kohlehydratbomben – , sondern auf eine ganz gewöhnliche Süßspeise. Bei nächstbester Gelegenheit muß dieser Wunsch in Erfüllung gehen. Es dauert tatsächlich nicht lange, bis ich mir am Schaufenster einer kleinen Bäckerei die Nase plattdrücke. Bei der Sortimentsanalyse reift schnell der Entschluß, daß meine Fahrleistung von über 20.000 Kilometern jetzt mit einem, nein zwei Stück Apfelkuchen belohnt werden muß.

Nach acht Stunden im Sattel ist der Fährhafen in Oslo erreicht, wo das Schiff nach Frederikshavn auf uns wartet. „Willst Du nicht doch lieber mit dem Rad übers Meer nach Dänemark?", ätzt Christopher. „Eigentlich schon. Zu dumm nur, daß wir die Ballonreifen nicht dabei haben..."

Sehnsucht nach Abenteuer

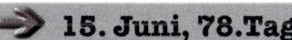
15. Juni, 78.Tag

Um 8.15 Uhr legt die Fähre in Frederikshavn an, eine Viertelstunde später sitze ich schon im Sattel. Die Route durch das Landesinnere Richtung Süden führt durch waldige Hügellandschaft, gespickt mit einzelnen Gehöften und kleinen Dörfern, deren weißgetünchte Kirchen in der Sonne leuchten. Das wirkt alles sehr friedlich und putzig hier, aber leider nicht aufregend. 600 Kilometer vor Berlin scheint die Luft raus aus dieser Tour. Wehmut schwingt mit, wenn ich an die Etappen in Ägypten, Thailand, Australien oder Brasilien denke. Das war doch noch richtiges Abenteuer! Jetzt bin ich in ruhigen Gewässern, und es ist mir, ehrlich gesagt, langweilig.

Wenn ich ans Brandenburger Tor denke, dann frage ich mich ohnehin: Warum eigentlich noch Radfahren, du hast es ja eh' geschafft! Das ist so, als würde man schon drei Tage vor Heiligabend die Geschenke aufbauen, die Kerzen anzünden und auf die Bescherung warten. So etwas wäre doch nicht auszuhalten, oder?

Zu allem Überfluß kommen wir zur Halbzeit der Etappe in Randers auch noch vom rechten Weg ab. Es sind zwar am Ende nur fünf Kilometer Umweg, die ich in Kauf nehmen muß, aber das reicht für ein paar markige Worte an Jörns Adresse. Er wehrt sich mit dem Hinweis, daß ich ja heute schon den ganzen Tag vom Rückenwind profitiere – „Wozu also die Aufregung?" Gegen dieses Argument ist in der Tat nichts einzuwenden.

131

Endlich auf der Zielgeraden

Seite 132:
Oben: Typisch Norwegen: Stabkirche, umgeben von
ausgedehnten Nadelwäldern.
Unten: Kleine Stärkung am Rande: Hans Küffner hält
Blätterteiggebäck bereit.

Seite 133:
Links oben: Radfahrer der „Tour der Hoffnung" begleiten
mich auf den letzten Kilometern nach Berlin.
Rechts oben: Mit Laura und Renate auf dem Weg
zum Zielpodest.
Rechts unten: Eingeschlossen im Pulk der Fotografen
und Fernsehteams.

Interessant wird diese Etappe erst, als gegen Abend zwei Kamerateams zu uns stoßen. Die Interviews taugen mir vorzüglich, ich kann so richtig in Erinnerungen schwelgen. Im Tagesresumee positiv erwähnt werden muß auch noch dieses eine Stück Erdbeerkuchen mit Sahne (wirklich nur eines, Ehrenwort!). Wer jetzt meint, Dänemark schneide in meinem Tagebuch unverdientermaßen schlecht ab, der tröste sich mit dem Gedanken, daß ja normalerweise niemand auf die Idee kommt, in knapp 14 Stunden die 303 Kilometer von Frederikshavn nach Haderslev mit dem Rad zurückzulegen.

16. Juni, 79. Tag

Zum letzten Mal um vier Uhr morgens aus den Federn. Was hat mich das oft für Energie gekostet, so früh aufs Rad zu steigen, in der Dunkelheit vor mich hinzustrampeln, kraftlos, müde, voller Selbstzweifel... Solche Probleme sind heute natürlich wie weggewischt. Ich kann es kaum erwarten loszufahren. In der kühlen Morgendämmerung zieht an meinem geistigen Auge noch einmal die gesamte Tour vorbei. Manches kommt mir vor, als liege es Lichtjahre zurück: Der Start in Berlin, die Begegnung mit Francesco Moser, der Schnee in der Toskana, die Horroretappe nach Abu Simbel, das Verkehrschaos in Thailand... So viele Erlebnisse, so viele Eindrücke, und das alles soll in nur 80 Tagen passiert sein – unglaublich.

Um punkt sieben treffen wir an der Grenze zu Deutschland ein. Die Rückkehr auf heimischen Boden schmeckt gut, denn Hans Küffner wartet am Straßenrand mit Blätterteiggebäck. Mein Nachbar aus Rednitzhembach und Initiator der rollenden Wohnmobil-Küche hat es sich nicht nehmen lassen, nach Flensburg zu kommen, um uns den Rest der Fahrt zu versüßen. Fürs erste ist ihm das gut gelungen – das Blech war ruckzuck leer.

Der vorletzte Tag gerät aber beileibe nicht zu einer Kaffeefahrt, dafür sorgen schon Jörns Rechenkünste. Diesmal hat er sich

bei der Streckenplanung wirklich gründlich geirrt. Ich bin auf eine 300 Kilometer lange Etappe eingestellt, lasse es entsprechend gemütlich angehen, absolviere in Ruhe den geplanten Kinderhaus-Besuch in Kiel, muß aber gegen Abend zur Kenntnis nehmen, daß die Entfernungsangaben auf den Wegweisern gegenüber denen im Routebook um 58 Kilometer differieren. Das bedeutet mindestens zwei Überstunden. Wenn Blicke töten könnten, wäre Jörn heute kaum mehr unter uns.

Ich habe also nach 21.500 Kilometern noch einmal das Vergnügen, mich so leerzufahren wie zuletzt in Kanada und Alaska. Nach siebzehneinhalb Stunden Fahrt ist der Ärger relativ schnell wieder verraucht, weil man uns am Ziel in Ludwigslust einen tollen Empfang bereitet. Im Nobel-Hotel Erbprinz wartet eine festlich gedeckte Tafel mit Weltkugel mittendrin, man serviert Spezialitäten aus fünf Kontinenten und ich darf mit Renate in der Königssuite (sic!) logieren. Viel kann ich von all dem nicht genießen, denn schon beim Essen kämpfe ich vehement mit dem Schlaf. Es wird höchste Zeit, daß diese Tour zu Ende geht.

Und schließlich die Welt umarmen

→ 17, Juni, 80. Tag

Bei der Morgentoilette ein etwas längerer Blick in den Spiegel. Während der vergangenen elf Wochen war mir mein Aussehen immer ziemlich gleichgültig gewesen, denn im Radfahrer-Ornat vergeht einem die Lust, Eitelkeiten zu pflegen. Aber jetzt, da ich im Begriff bin, wieder ins zivilisierte Leben einzutauchen, muß ich schon mal kontrollieren, was die Leute sehen, wenn sie mir ins Gesicht schauen: zu meiner Verblüffung wenig, was auf übermäßige Strapazen hindeutet. Ein bißchen ausgemergelt vielleicht, unter den Augen kleine Tränensäcke. Am ehesten ist noch an meiner sonnenverbrannten Nase zu erkennen, daß ich ziemlich lange an der frischen Luft war. Auf dem Kopf markieren zwei ausgebleichte abstehende Haarbüschel die Position der Lüftungsschlitze am Sturzhelm; zwei blanke Stellen dort, wo die Helmpolster aufgelegen haben. Alles in allem muß ich nicht die Befürchtung haben, daß mir jemand sagt: „Hubert, Du siehst aber fertig aus!"

Das Gefühl, zum letzten Mal bei dieser Tour aufs Rad zu steigen, ist erhebend. Stolz mischt sich mit Wehmut und Vorfreude. Ich lasse es im Sattel zwar gemächlich angehen, aber mein Puls ist trotzdem höher als sonst – Lampenfieber vor der Zielankunft. Die ersten 120 Kilometer sind das Begleitfahrzeug und ich noch alleine unterwegs, auf den restlichen gut 50 Kilometern bis zum Brandenburger Tor begleiten mich dann Mitglieder der „Tour der Hoffnung", eine wohltätige Radlergemeinschaft.

Wir müssen fast übertrieben langsam fahren, um nicht zu früh im Ziel zu sein: Lokale Radiosender informieren die Berliner den ganzen Tag über, daß meine Tour um 18 Uhr am Brandenburger Tor zu Ende geht. Je näher wir dem Ziel kommen, umso aufgeregter werde ich. Die Sonne lacht, Passanten winken, Lkw-Fahrer grüßen – ich bin im siebten Himmel.

Als wir schließlich die Siegessäule passieren und das Brandenburger Tor in Sichtweite kommt, schnürt es mir fast die Kehle zu. Das große Ziel tatsächlich vor Augen zu haben, ist ein überwältigendes Gefühl. Ich rolle ganz langsam durchs Tor – geschafft! –, durchs Spalier der Schaulustigen und schließlich in die Arme von Renate und Laura. Dann geht es drunter und drüber, wir sind eingeschlossen von einem Pulk aus Fotografen und Kameraleuten, die sich eine regelrechte Schlacht um die besten Bilder liefern. Ich habe die Strapazen sicher nicht deshalb auf mich genommen, um solches Medieninteresse zu provozieren, aber gut tut das jetzt schon, im Rampenlicht zu stehen.

Der Empfang, den mir Familie, Freunde, Crew und Sponsoren bereiten, ist für mich so einmalig wie die Tour selbst. In 80 Tagen um die Welt geradelt – jetzt könnte ich sie auch noch umarmen.

Endlich auf der Zielgeraden

Bis hierher und nicht weiter?

Resumée ohne Abstand: Der Versuch zu begreifen, was passiert ist

Der Zeitpunkt, da dieses Resumée geschrieben wird, kommt zu früh, um ein endgültiges Fazit ziehen zu können. Erst mit dem Abstand von Wochen und Monaten wäre ich wohl in der Lage gewesen, fundierter zu beschreiben, ob und wie nachhaltig sich diese Tour auf meine Persönlichkeit, mein Umfeld, meine Gesundheit ausgewirkt hat. So bleibt es an dieser Stelle mehr oder weniger bei dem Versuch, einfach nur zu begreifen, was passiert ist und was sich daraus ergeben könnte.

Unmittelbar nach der Zieldurchfahrt dominieren die Freude über den Empfang und die Erleichterung, daß es vorbei ist. Von der körperlichen Belastung her wäre es mir sicher nicht schwergefallen, von Berlin aus auch noch nach Hause zu radeln. Nur der Kopf hätte dabei nicht mitgespielt. Mental hat mich die 80-Tage-Tour sicher mehr gefordert als physisch. Wie gut sich mein Körper immer wieder regeneriert hat, ist einfach verblüffend. Wenn mir jemand vor der Fahrt zum Beispiel beschrieben hätte, wieviel kräftezehrender Gegenwind auf mich wartet, ich hätte sofort weiche Knie bekommen und wäre wahrscheinlich gar nicht erst losgefahren. Daß ich soviel Energie aus meinem Körper herausholen konnte, lag sicher nicht nur am guten Training, sondern vor allem daran, daß ich immer wieder meinen inneren Schweinehund überwinden konnte. Ohne eisernen Willen und eine gehörige Portion Sturheit wären 21.700 Kilometer in 80 Tagen nicht fahrbar. Gut, das klingt ein bißchen martialisch, aber es ist so. Dabei besteht die Willensleistung keinesfalls darin, daß man sich alle fünf Minuten einredet: Du schaffst es, du schaffst es! Man muß den Kopf schon mit tragfähigen positiven Gedanken füttern:

Sich zum Beispiel das Geleistete in Erinnerung rufen, sich kleine Ziele setzen, wenn das große zu weit entfernt scheint, vom Schönen träumen, wenn einem äußere Einflüsse wie eine Ver-

schwörung des Bösen vorkommen... Das sind nicht immer Vorgänge, zu denen man sich zwingen muß. Irgendwann beginnen solche Motivationsmechanismen automatisch abzulaufen, denn der Wille ist trainierbar. Ich bin im Nachhinein überzeugt, daß ich auf der Tour mit jedem Tag mental ein bißchen stärker geworden bin. Natürlich kommt man manchmal ins Hadern, würde am liebsten alles hinschmeißen. Aber mein Kopf hat immer rechtzeitig – und zum Schluß hin instinktiv – jene Gedanken abgerufen, die notwendig waren, um auf Kurs zu bleiben. Nur weil dieser Mechanismus funktioniert hat, konnte ich immer wieder an meine Grenzen gehen und manchmal auch darüber hinaus. So etwas stärkt das Selbstbewußtsein ungemein und gibt mir den Mut, neue Projekte anzupacken, nicht nur sportlicher Art.

Vor und vor allem während der Tour habe ich mir oft geschworen: bis Berlin und nicht weiter. Es braucht keinen großen Abstand, um diesen Beschluß zu relativieren. Geglaubt hat mir meine Rücktrittsgedanken ohnehin niemand. Natürlich werde ich nie mehr auf einer so langen Strecke unterwegs sein, aber das Erlebte hat meine Neugierde geweckt. Waren die meisten Etappen für mich vorher ein unbeschriebenes Blatt, so habe ich jetzt vor lauter Eindrücken fast schon den Überblick verloren. Jedenfalls waren da viele interessante Gegenden dabei, in denen es sich lohnen würde, etwas ausgiebiger mit dem Rad unterwegs zu sein... Es geht mir aber mit Sicherheit nicht mehr vordergründig darum, Superlativen hinterherzuhetzen. Auch das ist eine Erkenntnis aus der 80-Tage-Tour. Die war auf der einen Seite zwar das Größte, was ich in sportlicher Hinsicht realisieren konnte, auf der anderen Seite hat sich der Absolutheitsanspruch des Begriffs „Weltumrundung" für mich doch stark relativiert. Auf den fast 22.000 Kilometern ist mir klar geworden, daß meine Route nur ein winziger Ausschnitt dessen ist, was den Globus ausmacht. Ich habe mit dem Rad nicht die Welt erobert, sondern für mich neue Welten entdeckt. Das ist die simpelste und beste Antwort, die ich auf die häufig gestellte Frage nach Sinn und Zweck meiner Marathon-Touren geben kann.

Nach der 80-Tage-Tour bin ich verblüffend oft angesprochen worden von Leuten, die meinten, ich sei ja nun ein Vorbild für viele (Marathon-)Radsportler. Wenn ich meiner Disziplin damit zu mehr Popularität verhelfen könnte, wäre mir das nur recht.

Bis hierher und nicht weiter?

Come together: Mit der Crew auf dem Zielpodest.

**Die letzten Meter zum Ziel: Erst einmal froh,
daß alles vorbei ist.**

Der Name Hubert Schwarz steht nach außen für die Rekord-
runde um die Welt. Aber ohne das Verständnis meiner Familie,
ohne die aufopferungsvolle Arbeit der Crew und ohne die
Unterstützung vieler Personen im Hintergrund wäre das
Unternehmen nie erfolgreich gewesen. Dafür schulde ich
allen Beteiligten großen Dank, insbesondere jenen, die mich
auf der Strecke begleitet haben:
meiner Frau Renate, Traudl Schwarz, Jörn Gersbeck,
Thomas Heß, Oli Zimmermann, Heiner Uhlmann,
Markus Zetlmeisl, Stefan Eckert, Bill Goodrich, Petra Baur,
Christopher Landerer, Chris Alge, Jörg Wurdak sowie
Hans Küffner und seiner Crew.

**Seite 135:
Salzsee in Südaustralien. Das Rad verrottet,
die Natur bleibt. Auch mein Rekord ist nicht für
die Ewigkeit gemacht.**

Danke

Rad extrem

1. Berlin – Rom (1703 km)

Berlin - Potsdam - Wittenberg - Leipzig - Naumburg - *Jena* - Hof - Bayreuth - Pegnitz - Erlangen - Fürth - *Roth* - Weißenburg - Eichstätt - Dachau - München - Murnau - Garmisch - *Mittenwald* - Scharnitz - Innsbruck - Brennerpaß - Bozen - Trento - Verona - *Ostiglia* - Bologna - Florenz - Siena - San Lorenzo - *Viterbo* - Manziana - Sasso - *Rom*

(Gesamtkilometer 1703 km)

2. Tel Aviv – Abu Simbel (1777 km)

Tel Aviv - Yavne - Abba - Nir´am - Kerem Shalom - *El Arish* - Bir el Abd - El Qantara - Bilbeis - Kairo - Gizeh - El Ma´adi - *Ain Sukhna* - Safarana - Ras Gharib - *Hurghada* - Port Safaga - Qena - *Luxor* - El Idisat - Idfu - Kom Ombo - *Assuan* - *Abu Simbel*

(Gesamtkilometer 3480 km)

3. Bangkok – Singapur (2018 km)

Bangkok - Samut Songkhrum - Petchaburi - *Hua Hin* - Prachuap Khirihan - Chumphon - *Lang Suan* - Chaiya - Thung Song - *Phatthalung* - Rattaphum - Hat Yai - Alor Setar - Sungai Petan - *Butterworth* - Pokok Asam - Kuala Kangsar - Ipoh - Teluk Intan - *Klang* - Tanjung Sepat - Port Dickson - *Melaka* - Batu Pahat - Johor Bahru - *Singapur*

(Gesamtkilometer 5498 km)

4. Darwin – Adelaide (3100 km)

Darwin - Noonamah - Adelaide River - Hayes Creek - *Katherine* - Mataranka - Maryfield - Daly Waters - *Dunmarra* - Eliott - Renners Springs - Banka - *Tennant Creek* - Wachope - Barrow Creek - Stirling - *Ti Tree* - Aileron - Alice Springs - *Stuart Wells* - Erldunda Roadhouse - Kulgerla Roadhouse - *Marla* - Cadnay Park Roadhouse - *Coober Pedy* - Glendambo - *Pimba* - Bookaloo - Hessol - Port Augusta - Port Germein - *Snowtown* - Port Wakefield - Dublin - *Adelaide*

(Gesamtkilometer 8598 km)

5. Montevideo – Salvador (4115 km)

Montevideo - Aznarez - Punta del Este - San Carlos - *Rocha* - Castillos - Chuy - Curral Alto - Taim - *Rio Grande* - Pelotas - Cristal - Camaqua - Porto Allegre - *Osorio* - Atlantinda do Sul - Torres - Ararangua - Tubarao - Imbituba - *Sao Jose* - Tijucas - Itajai Joinville - Garuva - *Curitiba* - Jacupiranga - Miracatu - Peruibe - Itanhaém - Sao Paulo - Bertioga - Sao Sebastio - *Ubatuba* - Parati - Angra dos Reis - Itaguai - *Rio de Janeiro* - Itaborai - *Rio Bonito* - Campos - Travessao - Itabapoana - Marataizes - *Guarapari* - Vitoria - Fundao - Jacumpemba - Linhares - Sao Mateus - *Pedro Canarió* - Teixeira de Freitas - Itamaraju - Monte Pascoal - *Itapebi* - Itatingui - Buerarema - Itabuna - Ubaitaba - *Camamu* - Valence - Nazare - Cachoaira - Sao Amaro - *Salvador*

(Gesamtkilometer 12.713 km)

6. Guerrero Negro – Fairbanks (6847 km)

Guerrero Negro - *Punta Prieta* - San Augustin - Rosario de Arriba - El Consuelo - San Quintin - San Vicente - Ensenada - Rosarito - Tijuana - San Diego - Oceanside - *Laguna Beach* - Newport Beach - Huntington Beach - Los Angeles - Santa Monica - *Oxnard* - Santa Barbara - Los Olivos - Santa Maria - San Luis Obispo - Cambria - *San Simeon* - Lucia - Big Sur - Monterey - Marina - Santa Cruz - Half Moon Bay - Parcifica - Daly City - *San Francisco/Sausalito* - Marin City - Muir Beach Olema - Jenner - Point Arena - Albion - *Fort Bragg* - Leggett - Garberville - Alton - Eureka - *Klamath* - Crescent City - Brookings - Port Orford - Coss Bay - Reedsport - *Florence* - Waldport - Newport - Depoe Bay - Beaver - Wheeler - Cannon Beach Junction - Astoria - *Naselle* - Raymond - Aberdeen - Humptulips - Qeets - Forks - Fairhorn - *Port Angeles* - Victoria - Scwartz Bay - Tswawassen - Vancouver - Squamish - *Whistler* - Pemberton - Lillooet - Pavillion - Clinton - 70 Mile House - *100 Mile House* - Lac la Hache - Williams Lake - Alexandria - Quesnel - *Prince George* - Beaverlay - Vanderhoof - Fort Fraser - Endako - Burns Lake - Topley - Houston - *Smithers* - New Hazelton - Kitwanga - Cranberry Junction - *Meziadin Junction* - Bell II - Iskut Village - Gnatpass - *Dease Lake* - Cassiar - Watson Lake - Rancheria - *Swift River* - Morley River - Teslin - Johnson Crossing - Jakes Corner - *Whitehorse* - Takini - Champagne - Haines Jct. - Bear Creek - Silver City - Destruction Bay - *Pine Valley* - Koidern - Beaver Creek - Border City Lodge - Northway Jct. - Tok - *Dot Lake* - Delta Junction - Big Delta - Richardson - *Fairbanks*

(Gesamtkilometer 19.560 km)

7. Bodo – Berlin (2120 km)

Bodo - Fauske - Storjord - Stodi - *Krokstrand* - Gronfjelldal - Finneidfjord - Straum - Grane - Majavatn - *Trones* - Gartland - Steinkjer - Skogn - Stjordalshalsen - *Trondheim* - Fla - Berkak - Opdal - Hjerkinn - Dombas - Otta - Ringebu - *Lillehammer* - Gjovik - Moen - Aneby - *Oslo / Frederikshavn* - Hjallerup - Aalborg - Hobro - Torring - Kolding - *Abenra* - Krusa - Flensburg - Eckernförde - Kiel - Bad Segeberg - Ratzeburg - Wittenburg - *Ludwigslust* - Perleberg - Kyritz - Nauen - *Berlin*

(Gesamtkilometer 21.680 km)

Hubert Schwarz fährt mit dem Fahrrad „um die Erde in 80 Tagen" - direkt ins Sector No Limits® Team

In Jules Vernes Roman „Reise um die Erde in 80 Tagen" gelingt es den Helden Phileas Fogg und Passepartout, in Rekordzeit die Welt zu umrunden. Wie vor hundert Jahren ist es heute noch immer für die meisten Menschen ein Traum, einmal im Leben um die Erde zu fahren

Für den deutschen Extremradsportler Hubert Schwarz ist es mehr als ein Traum. Für ihn ist es eine sportliche Herausforderung. Er umrundete die Welt mit dem Fahrrad – 22.000 km in 80 Tagen. Mit dieser Leistung wurde Hubert Schwarz in das internationale Extremsportler-Team Sector No Limits® aufgenommen.

Gründer und Förderer des Teams ist Sector Sport Watches, international agierender schweizer Sportuhrenhersteller und größter Extremsportsponsor der Welt.

Was treibt Menschen dazu, sich solchen Strapazen auszusetzen?

No Limits® Athleten wie Hubert Schwarz, Patrick de Gayardon, Maurizio Zanolla (Manolo) oder Børge Ousland folgen einem unwiderstehlichen inneren Drang. Schon in den 80er Jahren stellte der britische Forscher J. R. L. Anderson die Hypothese von der Existenz eines sogenannten „Odysseus-Faktors" in den DNS-Ketten des Menschen auf. Seiner Meinung nach soll die Triebfeder für solche extremen Leistungen zum Teil genetischen Ursprungs sein.

No Limits® Sportler lächeln über solche Theorien. Sie wissen, daß es bei No Limits® Unternehmungen letztendlich um das Ringen zwischen dem Rationalen und dem Irrationalen, zwischen Trägheit und Abenteuerlust, zwischen Resignation und Wille geht – also um die Erkenntnis und Erfahrung der eigenen Grenzen.

In diesem Buch ist von der unglaublichen Leistung des Hubert Schwarz die Rede. Er zeigt, daß der Mensch sich immer wieder selbst übertreffen kann. Mit Euphorie ebenso wie mit Gelassenheit. Mit Willenskraft und grenzenlosem Enthusiasmus. Getrieben von unerschöpflichem Tatendrang und Leidenschaft.

No Limits® Athleten halten den Menschen einen Spiegel vor. Das Streben nach großen Erfolgen und das Wiederaufstehen nach einem Mißerfolg bestimmen schließlich das Leben aller Menschen.

Die No Limits® Philosophie fördert Spitzenleistungen. Sie spielt aber auch in alltäglichen Herausforderungen eine Rolle. Es geht hierbei nicht um Rang oder Plazierung, sondern allein um die Verbesserung der eigenen Leistung. Jeder Mensch kann seinem Alltag mit der gleichen Haltung gegenüberstehen wie die No Limits® Athleten, die bedingungslos versuchen, die Grenzen des Menschenmöglichen auszuloten.

Als Auftakt einer No Limits®-Reihe will auch das vorliegende Buch von Hubert Schwarz dazu ermutigen, an sich selbst zu glauben. Was zählt, ist ein Ziel und der unbedingte Wille, den Weg dorthin zu gehen.

SECTOR®
SPORT WATCHES

Mike Horn. Südafrikaner, 30, Mitglied im Sector No Limits® Team. Entdeckte Hydrospeed in der Schweiz und wurde zur Nummer 1 in dieser Disziplin. Bei Stürzen über 15 m tiefe Wasserfälle erreicht sein Hydrobob Geschwindigkeiten von mehr als 120 km/h.

Patrick de Gayardon. Franzose, 35, Mitglied im Sector No Limits® Team. Fallschirmspringer des Extremen. Praktiziert Base Jump, Präzisionssprünge und Sky Surf. Eine Sportart, die er berühmt machte.

Maurizio Zanolla. Italiener, 37, Mitglied im Sector No Limits® Team. Der Pionier des Freeclimbing ist einer der Weltbesten. Er sucht Passagen, die als unbezwingbar gelten. Wer Manolo beim Klettern zusieht, wird Zeuge einer äußerst sinnlichen Umarmung. Der Fels ist sein Freund, ist wie eine Haut, die liebkost werden will.

Umberto Pelizzari. Italiener, 30, Mitglied im Sector No Limits® Team. Weltrekordler in allen Disziplinen des Tauchsports. 1991 Weltrekord im Apnoetauchen: 7 min 22 sec. 1991 Weltrekord im Tauchen mit variablem Gewicht: -95 m. 1993 No Limits Rekord in freier Disziplin: -128 m.

Børge Ousland. Norweger, 31, Mitglied im Sector No Limits® Team. Erreichte als erster Mensch Nord- und Südpol im Alleingang.

SECTOR NO LIMITS

Sponsored by...

Herzlichen Dank allen
Sponsoren und Ausrüstern!

MERCK

ADAM OPEL AG
BAVARIA KLINIK
Institut für Sportmedizin
BIONERVI TM
CAMELBAK
CENTURION
CONTINENTAL
DEUTER
DEUTSCHE POST AG
PANAMA JACK
PARK HOTEL BLUB Berlin
PHILIPS MOBILFUNK
POWERBAR
RADIO B2 BERLIN (SFB)
ROHLOFF
SHIMANO
SIEMENS NIXDORF
SIMPERT REITER Augsburg
SIXTUS-WERKE
SPENGLE SPORTSYSTEM
SPEZI METZGEREIEN
STEIDL Touristik Nürnberg
SYNTACE
UVEX GmbH & Co. KG

Rad extrem

der besondere Mineraldrink

Mineralgranulat für den Hochleistungs- und Leistungssportler

"Ronald McDonald" Kinderhilfe

Was ist die „Ronald McDonald" Kinderhilfe?

Hunderte von Kindern erkranken jährlich an schweren Krankheiten, die lange Krankenhausaufenthalte notwendig machen. Je nach Krankheitsbild können bis zu 70% der kleinen Patienten auf Dauer geheilt werden. Aber der Weg zur Heilung ist hart – für die betroffenen Kinder ebenso wie für ihre Familien. Die „Ronald McDonald" Kinderhilfe baut und betreibt daher in unmittelbarer Nähe von Kinderspezialkliniken Ronald McDonald Häuser als „Zuhause auf Zeit". Hier können die Eltern wohnen und sind für ihr Kind immer in Reichweite.

Die Repräsentanten der „Ronald McDonald" Kinderhilfe

Dr. h.c. Annemarie Renger

ehrenamtliche Vorsitzende des Aufsichtsrates

Die Politikerin und Bundestagspräsidentin a.D. hat seit acht Jahren den ehrenamtlichen Vorsitz inne. Sie setzt sich dafür ein, daß schwerkranke Kinder den nötigen Beistand erhalten und begrüßt besonders das Engagement der ehrenamtlichen Helfer, ohne die viele soziale Projekte wie „Ronald McDonald" Kinderhilfe nicht realisierbar wären.

Dieter Kürten

stellvertretender ehrenamtlicher Aufsichtsratsvorsitzender

Der beliebte ZDF-Sportmoderator engagiert sich seit langem für soziale Belange. Seit Bestehen der „Ronald McDonald" Kinderhilfe ist er stellvertretender Vorsitzender des ehrenamtlichen Aufsichtsrates und trägt wesentlich dazu bei, das Anliegen der Kinderhilfe in die Öffentlichkeit zu tragen.

Heike Henkel

Repräsentantin

Heike Henkel möchte schwerkranken Kindern und ihren Familien helfen. Aus diesem Grund hat sich die Olympiasiegerin und Weltmeisterin im Hochsprung entschlossen, die Arbeit der „Ronald McDonald" Kinderhilfe als Repräsentantin mit Rat und Tat zu unterstützen.

Hubert Schwarz

Repräsentant

Der Extremradsportler und Weltrekordhalter hat den australischen Kontinent schon auf dem Fahrrad umrundet und kürzlich auch in Rekordzeit durchquert. Genauso ausdauernd ist der gelernte Sozialpädagoge in seinem sozialen Engagement: Er sammelte auf seinen vielen abenteuerlichen Touren bereits eine beträchtliche Summe für die „Ronald McDonald" Kinderhilfe.

Wenn Sie sich engagieren möchten:

Es gibt viele Möglichkeiten, sich für Kinder und ihre Familien einzusetzen:

Persönliche Mitarbeit:

Sie können in einem Ronald McDonald Haus tätig werden und die Hausleiterin bei der Arbeit unterstützen.

Geldspenden:

Aus den Spendengeldern werden neue Ronald McDonald Häuser errichtet und die bestehenden unterhalten. Auch für moderne medizinische Geräte werden die Mittel eingesetzt.

Sachspenden:

Für jedes neue Ronald McDonald Haus werden sowohl Einrichtungsgegenstände als auch Hausrat gebraucht.

Wenn Sie mehr über die „Ronald McDonald" Kinderhilfe wissen möchten, wenden Sie sich bitte an:

„Ronald McDonald" Kinderhilfe
Marschallstraße 1a
80802 München
Telefon 0 89 / 39 59 43

Die Deutsche Bibliothek – CIP-Einheitsaufnahme

Schwarz, Hubert:

Rad extrem: In 80 Tagen um die Welt : Protokoll meiner 22.000 km langen Solo-Fahrt gegen die Uhr / Hubert Schwarz. - Frankfurt am Main : Umschau -Buchverl., 1996
  ISBN 3-542-72001-3
NE: HST

Redaktion: Jörg Wurdak, Ingolstadt
Fotos: Chris Alge, Lochau/Vorarlberg (S. 8-10 und S. 87-133)
      Jörg Wurdak, Ingolstadt (S. 4-7, und S. 11-85)
Schutzumschlag und Buchgestaltung:
MSB Bitsch, Zug und Partner GmbH, Birkenau
Herstellung: Karin Kern
Karten: BITmap, Mannheim
Reproduktionen: Repro-Tylkowski, Mannheim
Druck: Druckerei und Verlag Bitsch GmbH, Birkenau
Buchbinderische Verarbeitung: Hollmann, Darmstadt

Printed in Germany

ISBN 3-524-72001-3

Mehr Power im Leben

Das Erfolgskonzept des Ausdauer-Spezialisten und Extrem-Radsportlers Hubert Schwarz als multimediales CD-ROM Lern- und Trainingsprogramm für mentale Stärke und körperliche Fitness.

Die Philosophie:
Power of Mind – if you want it, you can do it.
Der Mensch nutzt nur 30 % der ihm innewohnenden Leistungsfähigkeit. Hubert Schwarz zeigt, daß man weit darüber hinausgehen kann, egal in welchem Bereich, ob im Sport, im Beruf oder im täglichen Leben. Ausdauer, Erfolg, Durchsetzungsvermögen, Kreativität, Leistungsbereitschaft und persönliche Ausstrahlung sind Eigenschaften, zu denen man mentale Stärke braucht.
Mentale Stärke ist kein Gottesgeschenk, sondern konsequent erlernbar.

Systemvoraussetzungen:
Windows 3.11 oder Windows 95, CD-ROM-Laufwerk, 6 MB auf Festplatte frei, empfohlen wird 486 DX100 oder Pentium Prozessor, schnelle Grafikkarte mit 1 MB, Soundkarte, mindestens 2-fach speed CD-Laufwerk

Hubert Schwarz
No Limits Kreativität – Höchstleistung – Erfolg
Das „Sieger"-Management für Körper, Geist und Seele
ISBN: 3-524-72002-1